启真馆 出品

放慢速度的勇气

超马道

［日］关家良一 著

叶东哲 译

ZHEJIANG UNIVERSITY PRESS
浙江大学出版社

前言

从超级马拉松（以下简称超马）中，我真的学到了很多。

自从迷上了跑步，一路我只顾前进，不知不觉中带给身体许多负担。

在超马中长时间跑步，理所当然脚会变痛、内脏会疲累，会变得没有食欲，想睡觉时思考能力也会变钝……我常在奔跑中自问：现在自己到底在做什么？

就算如此（不管处于何种状况），除了前进我没有其他选择。花了这么长的时间，我体悟到——在如此严苛的现实中，与人交流、与大自然接触，才是超马的真谛。

如果要用一句话表现我体悟到的"超马道"，除了"超马就是人生"这句话以外，我再也找不到其他答案了。

我常被问到："为什么这么辛苦还要跑步？跑步的乐趣是什么？"换句话说，人们似乎也是在问："人生到底哪里有趣？为什么这么辛苦还要活着？"我不认为这问题会有明确的答案。我们正是为了要追求答案，才活着（跑步）的吧。

超马和人生一样，有状况好的时候，也有状况不好的时候。

跑步中会发生许多预想不到的问题，有时是突发的，有时则正在酝酿中。

但不能每次遇到问题就停下来，全看你是要面对它、躲避它，还是逃离它……超马是一种"心态的运动"。当奔跑中遇到问题而停下脚步时，真正导致停下的往往不是跑者的身体，而是跑者的心态。

当然，每个人感受到的问题，程度各不相同，这种感受阈值的差异，也会影响到跑者之后的运动表现。

比如说，有人在跑步中一发现起水疱，就慌慌张张地到补给站休息并接受治疗，然后拖着脚步继续往终点前进（刚开始跑步时我也如此）。但是对长年跑超马的我来说，起水疱已经是司空见惯的事，现在就算在比赛中起水疱，我也不会有任何反应，而会直接通过补给站。跑步中会清楚地感受到水疱破掉的瞬间，踩地暂时会感到疼痛与不舒服，但忍耐着跑几公里之后就会慢慢习惯，甚至会完全忘记水疱破了的事。

我认为人与生俱来就有不错的适应力和应对能力。但我们的"心态"常常会扼杀这种不错的能力。若只论体力，我想 20 多岁的年轻人绝对比较有利，但事实上，放眼看全世界每一场超马赛，第一名大多是 40 岁左右的选手，甚至前几名也是以这个年龄层的选手为主。

我跑出 24 小时最佳个人纪录（274.884 公里）也是刚好 40 岁之时。号称"超马之神"的希腊名将扬尼斯·库罗斯（Yiannis Kouros），创下世界纪录（303.506 公里）是在 41 岁。2014 年在东吴国际超马赛以 285.366 公里创下亚洲纪录的原良和选手，当时正是 42 岁。要先在 40 岁前累积马拉松经验，才能在 40 岁过后开花结果。**而且，在马拉松之外的人生经验，也会实际反映在比赛中。**

以我为例，我长年在制造工厂上班，以一个市民跑者身份到世界各地参加比赛。年轻时，我在工作中常心生不满，跟上司起冲突，因此搞坏了关系，也导致恶性循环造成更多不满累积。但随着年龄增长，我慢慢了解到"吃亏就是占便宜"的道理。

有时候退一步，反而可以让事情往好的方向发展，并渐渐学会应对进退的处事方法。年轻人只相信发生在眼前的事实，以为它会持续到永远。但人生经历丰富的人则因为体验过大风大雨，遇到挫折也不为所动，知道忍耐的重要性以及让事情好转的方法。

因此年轻选手或是经验较少的选手，一遇到挫折就发出"我不行了"的哀号，也是无可奈何的事。

此外，超马中重要的是如何从周围得到谅解、支持与帮助。为了在比赛中拿好成绩，相应地要付出努力、累积练习量才行。但这些都需要从家庭、公司获得谅解。市民跑者不是职业选手，生活"基础"应该是家庭和公司，跑步只作为兴趣。如果忽略这个基础，一定不会有好表现。市民跑者最大的烦恼也在这里，要尽力寻找能平衡生活基础与个人兴趣的两全其美的方式。

在比赛中，为了集中注意力，补给员也是缺少不得的关键。有专属补给员的好处，就是能通过事前的作战会议，请他在需要的时候提供补给。除此之外，他也会随机应变适时提供补给。补给员需要的是"同理心"，要能站在选手的立场，去预想他们的需求。但选手也不能完全依赖补给员。

超马还需要"自我负责"的意识。例如因为补给员的出错导致比赛成绩受影响，责任还是完全在选手身上，不能归咎于补给员。我认为这是每个选手都必须要有的心态。**这种心跟心之间的互动和交流，才是超马最美的地方，也是超马最大的魅力之一。**

就算没有专属补给员，几乎所有大会也都会提供补给品，但不管大会工作人员多努力，也无法满足每位选手的需求。有选手因此抱怨，把成绩不好归咎于主办单位。我希望这些选手能彻底省思"自我负责"的精神。

虽然并未施予直接的帮助，但是沿途的加油声在比赛中也是重要的一环。就算人们不在现场，只要能从远处为选手祈祷加油，对选手而言都是很大的力量。我好几次靠这种无形的、不可思议的力量造就"奇迹"似的表现。比赛结束后，我之所以会自然地说出"谢谢"这句话，就是因为知道有这样的加油激励着自己全力以赴。在这个瞬间，我知道自己得到了比跑步纪录更重要的东西，这样的心情便集结在"谢谢"这句话里。

跑步本来就是愉快的事情。

跑久了，当然一定会遭遇到很多痛苦，或是面临意外的突发事故。这时如果你能正面去接受它，一定可以把逆境转换成力量。

每个人都具有这样优秀的能力。我通过跑步学到了这个道理。

在之前的"长跑环台感恩之旅"中，有件事让我感到遗憾，在此特别提出。

"环台感恩之旅"的前 12 天，我并没有设定时间，而是尽情地享受与当地朋友的交流，和各地的跑者一起跑步。

但是在最后一天，我设了一个明确的时间。

这天刚好是 3 月 11 日，是地震（2011 年日本福岛地震）发生后的一周年。我预计配合地震发生的 13 点 46 分（日本时间 14 时46 分），在终点东吴大学和大家一起为地震受难者默哀。

我把这计划跟帮我筹划"长跑环台感恩之旅"的郭丰州老师、东吴大学师生以及超马协会人员商量。很快就得到大家的认同，并帮我安排活动的许多细节。因此，这一天设定了时间限制，跑步总距离是 80 公里，早上 4 点 15 分出发，限制在 9 个半小时内跑完。

这天在陈进财先生、吴胜铭先生、杨鸿辉先生、雷胜安先生、胡荣清先生、罗维铭先生等几位有名选手的陪伴之下，我很安心地把自己交给他们引导，跑步时只管跟随他们。

后来跑的速度比预计快了一些，但是就在距离终点剩下 20 公里处，当地的"树林大同山长跑俱乐部"的朋友们在加油站里排队迎接我的到来。我并没有停下来，只比出食指以"Yeah"欢呼响应他们，这时其中一位朋友对我说："关家先生，请你过来和我们照相留念！"

那一瞬间我本来想过去和他们合照，但我又不好意思打乱努力在计划时间内带领我到终点的队伍，只好举手表现出"不好意思"的姿势，继续往前进。

最后，我却在时间绰绰有余的情况下抵达终点。我心里想，为什么那个时候没有停下来和当地长跑俱乐部的朋友交流？就算合照也花不了一分钟的时间啊。

如果我那时跟陪我跑步的朋友表达停下来的意思，相信大家一定都很愿意配合。但为什么我连这么简单的事都做不到？对于自己不成熟的行为，我十分生气，也非常后悔。如果可以回到过去，我很想再次回到那个时刻。

在此我也要向"树林大同山长跑俱乐部"的朋友们，表达深深的歉意。

对我而言，与其说超马是个"运动"，不如说是个"学习的场合"比较贴切。**它让我重新发现自己，教导我替对方着想，也让我在苦境中寻找答案。**

这个答案会随着每个人的状况和立场而有不同，答案也不一定只有一个，这就是超马深奥之处，也是我一直想参加超马赛的动机。

我想通过这本书，把目前所经历过的事、学到的事、想到的事告诉大家。借着这些分享，回报曾经帮助过我的朋友们。

"超马道"就如字义，代表着"超级马拉松的道义"。

对我来说，"超马道"是人生的指南，也是造就我这个人以及时常警醒我自己的观念。我期许可以在往后的日子里践行这些体悟，也想把这些体悟传承给未来的一代。

为了达成这个目标，我自己也要继续去吸取更多经验才行。

关家良一

目　录

第 1 章

人生重要的事全都从超马中学到

跑步改变我的性格

现在的我，喜欢广结善缘，对很多事不会去多想。但年轻时的我，个性和现在是正好相反的。

小时候我很内向，小我两岁的妹妹则很外向。父母亲戚常常感叹说："兄妹的个性反过来的话，那该有多好啊！"

长辈们不敢把差事交给我一个人做。例如叫我出去买东西时，一定会叫妹妹跟着我，掌管钱的工作也交给她。小时候的我，容易往负面方向想事情。

小学二年级时，我开始学习柔道。四年级加入了棒球俱乐部，渐渐懂得与人相处之道。但人的个性没有那么容易改变，从初中到高中期间我没有交过女朋友，过着暗淡的学生生活。

我的个性比较认真，做什么事都按部就班，老实，不欺骗伤害他人。

记得小学六年级时，我把过年拿到的红包还有每个月的零用钱都存下来，存到那年12月的圣诞节，买了2.7万日元的高级棒球手套。

我不太依赖父母，也不喜欢世界上不合理的人、事、物。

到25岁，开始跑马拉松时，我发现自己认真的个性很适合这项运动。

订定目标，朝着它一点一点努力前进，平日累积的努力会反映在比赛成绩上。没有什么事比这更明白易懂。

年幼与年轻时对生活环境不太适应，但通过马拉松第一次获得肯定，我很自然地迷上了这运动，全心投入在这世界里。

当我回顾我的人生时，发现和马拉松的相遇，可以说是命运注定的。

跑马拉松时，只要在一定的距离内保持好配速，最后咬紧牙根用力跑到终点，自然就会有好的成绩。

当然事情没有说起来那么容易，跑步第 3 年，有一次我因为脚受伤无法参加原本计划的比赛，度过了一阵子想跑却无法跑步的日子。那段很闷的日子，可以说是我的马拉松人生的另一个开始。

事情风平浪静随着计划进行时，无形中会忽略很多事。但是当你有一天没办法跑步时，就会深刻体会到可以跑步是多么幸福。

其他像是健康的身体、愿意理解我跑步的家人、公司的领导同事们，还有跑友等等，也都弥足珍贵。

除此之外，也再次体会到生命的可贵。

抱着这种感恩的心情，我渐渐把竞赛的目标从"全马的纪录"转移到"超马的完赛"。

在超马赛中，就算有严密的计划，也有可能遇到突发的问题（如各种部位的疼痛、想睡觉、天气变化等等）。那时就看怎么面对它去化解危机，在超马的世界里，这种应对能力是很重要的。反过来说，我们在全马练习中为了争取一分一秒而培养出来的执着态度，在超马里有可能会成为一个阻力。

这个道理相当深奥，在危急情况下，没有说明书可遵循，要如何"客观地审视自己"正是超马有趣的地方。

跑超马那么久，在遇到突发状况时，我已学会用"钝感"去享

受一切。

超马和人生一样，随时都会有突发的事情，是要把它当作"理所当然的事"让问题迎刃而解，还是把它当作"意外发生的事"让自己受挫倒地，全看你自己的选择。

在开拓未来的过程里，你必须具备在任何情况下都能处变不惊的宽容态度，以及钝感力。

我变得不拘小节又开朗，也许正是来自应变突发状况的经验吧。

关于梦想

人生充满许多突发状况，你的应对常常会影响到事情的成败。

拿我小时候的梦想来举个例吧。

我曾在电视节目中，听很有名的运动选手说过：

"为了实现梦想，你要努力不懈，总有一天你会梦想成真的。"

小朋友睁大眼睛听到这番话，心里必然会想："好！我要以××为目标加油！"

如此让许多小孩燃烧斗志的一番话，岂不是很好？

但是要实现梦想，过程是绝对不可能风平浪静的。

世上有再怎么努力，成绩都无法进步的孩子。就算成绩进步了，也得不到周遭人们肯定的评价，这样的孩子我想也有很多。也有付出努力，最后却因为生病或受伤功亏一篑的孩子。甚至有因为家庭因素而被迫放弃自己梦想的孩子。

在瞬息万变的时代里，过去的梦想，本身就有可能会消失不见。

尚未懂事的孩子被问到自己的梦想时，他们也只能讲出一个含糊、缺乏具体目标的答案。这答案可能每年都不一样，甚至有可能每天都在变化，当然这没什么不好。

重要的是朝着梦想加油和努力的过程，而不在于梦想最终是否实现。

在努力的过程中，会面临许多困难和突发情形，学习在困境里找到解决方法，这和付出努力是一样重要的。

面对困难，你可以：

一、勇敢面对它。

二、绕远路回避它。

三、放弃，选择另一条路。

如果依照前面那位运动选手说的"要努力不懈"，似乎和答案一很接近。但对我来说，第二和第三的答案也并无不可。

与其执着于小时候的梦想而错失其他机会，不如在成长的过程里，朝具体的梦想转换跑道，我想这绝对不是坏事。认清现实并去接受它，在往后的人生路上，是一个很重要的能力。

我小时候的梦想是要当个职业棒球选手。但在念中学时，发现在技术上、体力上，我似乎无法实现这个梦想。尽管如此，我到高中还是继续打棒球，因为我心里抱着没什么根据的想法，就是："继续打下去，说不定哪一天会有好事发生……"

后来，也曾经想过要当音乐家、小说家，整天做着白日梦，浑浑噩噩耗掉了青春年华。

高中毕业开始工作之后我又烦恼："这样度过我的一生好吗？"工作了一年就辞掉，之后一边打工一边环游日本，这样又度过了三年。

21岁，我骑着野狼摩托车环游北海道时，认识了许多和我一样对未来抱持着各种不安的朋友们，和他们的交流让我增加了自信，让闷在心里许久的自卑感消失。

"事事难预料，烦恼太多也没用，努力去解决当下的问题吧。"那时在我心里第一次萌起了积极的态度。

那年是1989年，正逢日本泡沫经济的最高潮，可以说是日本的黄金时代。在那年重回职场的我，规划了"要在 30 岁前盖自己的房子""30 岁前要结婚，可以的话也想要两个小孩"等等现实的目标。但也许大家都知道，日本经济接下来面临泡沫化，市场低迷，工作量与薪水都减少许多，生活压力只增不减。

我从那时开始跑马拉松一直到今天。如果在泡沫经济的鼎盛期中一直朝着当初订定的目标迈进，今天的我应该会有着不一样的人生吧。

1997 年我刚好 30 岁，和泡沫经济时期相比，地价降了许多，也许有人会觉得盖房子不难。

但因为地价持续下跌，让很多人身上背负着债务，度过了所谓"失去的二十年"。

如果那时我结婚并且生了小孩，应该没办法一年参加好几场国外的马拉松赛吧。跑步的量也无法增加，为了健康，我顶多在家附近慢跑。

总而言之，如果照着我预定的人生目标去努力，我不会遇上超马，也不会有机会挑战世界第一。

可是，**我们没办法轻易去比较哪一种人生才是真正幸福的。**

日本诗人相田光男有一句名言："幸福取决于你的内心。"

不管是何种人生，比起只看成果，如果**还能在努力的过程中感受到骄傲**，这样的人生我想会更有价值。

日本柔道之我见

自古以来，在日本武道的世界里，有"始于礼而终于礼"这样的一句话。

意思是在学武术之前，要先学会礼仪这个"心"的修行才行。

培养体力和比赛胜负是其次，我们要先尊重对手，先对你周遭的环境（包含学校、会场、父母和家人、你现在生存的意义等等）怀着感谢之意深深一鞠躬。

柔道、剑道、空手道……每个武道里都会贯彻礼仪的教导。其他如茶道、花道、弓道、书道等等有"道"字的各种技艺，都是先从礼仪开始学起。

这也意味着：精神的修炼胜过技术的学习。

我从 7 岁起学了两年的柔道，练习之前大家会齐聚一堂，跪着朝向挂在道场墙壁上的神架一鞠躬。在练习结束后，同样也会对着神架默默祷告并深深鞠躬。

比赛之外，甚至在自由练习时，也会向对手鞠躬。

总而言之，我们被教导要对各种事物表示感谢之意。

但是近年来随着柔道在国外的盛行，它被当作是一种"格斗技"。本质中最重要的"尊敬对手"和"心"的部分，似乎是被忽视了。

在奥运竞赛中，各国一味追求胜负，只关心得到的奖牌数量和奖牌颜色（金、银、铜），赢了就是英雄，输了被骂得跟卖国贼一般。这种不顾及人权的斥责态度，有时会让我怀疑日本国民是不是都忘了尊重和体谅他人的礼仪，我一边看着，一边感到不快并为之叹息。

至于选手自身，也没有多余能力顾及礼仪，一心只想要全力绊倒对手，获得胜利，更别说做到体谅对手。

不得不承认，现今的柔道沦落到局限在自我主义和"胜利至上主义"的狭小框架之中。

一位曾经拿过奥运柔道金牌的选手在退休后，于 2012 年以对其指导的学生性骚扰之嫌遭到逮捕。

前一阵子日本奥运柔道国手的教练也对选手口吐恶言、滥施暴力，引起了社会关注。

这都是因为**大家都忽略了"心"的教育，只会以成绩来评断他人**。

除了归咎于柔道整体的问题之外，日本人的资质似乎也到了需要好好沉思之时。这绝对不是把问题归咎到教练个人就可以解决的。

我认为，柔道国际化是件好事，但不是以"格斗技"发扬出去，而是要我们把日本原本的礼仪之"心"，努力推广出去。

欲速则不达

如今马拉松已经是世界共通语言。到世界各地就算不会说当地语言，但挥挥手臂比姿势说 marathon，对方就能意会了。

把 marathon 翻成日文是"长距离赛"，ultramarathon 则是"超长距离赛"，这些字眼我们平常不太使用，当然字义里也没有"道"在里面。

但以礼仪为出发点，通过竞技培养健全的精神，这过程和其他武艺是相通的。不只是马拉松，也适用于其他运动。

所谓"健全的精神寄宿于健全的身体"，**锻炼身体就是在锻炼精神**。

但值得探究的是，运动选手本身抱着何种心态在应战？他们的指导者又是怎样的人？

选手们也许会受到周遭前辈或后辈，以及家人或教练的影响。

念小学、中学时，选手自身的观念还未确立，如果能遇到好的教练，就能学到各种为人处世之道。反言之若遇到视野狭小、只顾比赛结果的教练，便较难栽培健全的身心。

毕业后进入社会，当你因为兴趣或是为了身体健康而开始某项运动时，如果能铭记初衷，一定也会给工作或其他领域带来正面的效果。但相反地，如果随着运动技能的进步而变得过于热衷运动，有时反而会让你的视野变得狭小，以自我为中心，忽略周遭的人与事物。

我当市民跑者这么久，许多人会问我跑步如何才能进步。我常常会跟他们说**"多阅读""多旅行""多恋爱"**。听到这些答案，他们往往会露出惊讶的表情，因为这些都和跑步没有直接关系。

其实这些回答里都隐含着"不可以盲目到忽略周遭的人与事物"的意思，但年轻人不一定能理解到这点。

虽然跑马拉松不需要什么道具，也不用记太多艰深的技巧，但它其实是一门深奥的学问。

我常在我的书里或是演讲中提到这句话——"欲速则不达"。**人生历程中，你的历练越丰富，就越能突破困境，越能体谅他人。**

如果在比赛中能发挥平日训练累积的体力和意志，自然而然就会有好成绩。跑得越久你就越能体会、理解这个观念。

只追求成绩的人，万一遇到瓶颈，容易退缩找借口。但人生原本就不可能无风无浪，要适度学会处事才行。

学武艺前之所以要先学习礼仪，就是因为礼仪有助于提升自己的技术。我相信这也适用于马拉松和其他运动。

我的"超马道"

刚开始跑步时，我设定的"最终目标"是"跑完一个全马"。

这之前的 25 年人生里，我从来没一次跑超过 10 公里，42.195 公里这数字对我来说，理所当然是个"超过极限的距离"。

但经过 5 个月的练习，顺利跑完初马之后，我的兴趣转移到如何缩短自己的纪录。跑步的目标从"跑完全马"，自然地转移到了"提高成绩"上。

20 多年的跑步生涯中，在距离超过 42.195 公里的超马里，好几次我中途弃赛。但在我参与过的 30 多场全马赛事中，虽曾有过配速失败，但从来没有弃赛过。

从 2007 年开始的东京马拉松，到 2014 年这 8 年之中，选手的完跑率都在 95% 左右。因此不分男女老少、不分实力，只要不出太大事故的话，可以说"全马是大家都可以跑完的运动"吧。

就是因为不用太担心是否能跑完，所以全马跑者关心的事，自然地慢慢转移到破纪录上。

顺带一提，堪称超马代名词的斯巴达松赛（Spartathlon，从希腊的雅典跑到斯巴达，共 246 公里），时间限制是 36 小时，完赛率每年在 30% ~ 40% 之间。2012 年只有 21.4% 而已。

东京马拉松，只要你有参赛的意愿（当然还需通过抽签这道关卡），不管你过去的成绩如何（精英跑者不在此列），基本上每个人都可以参加。但是斯巴达松，你的实力必须要达到它所设定的标准，你才有可能站在起跑线前。

经过精挑细选的精英们，他们的完跑率竟如此低，由此可知，**超马的精神并不在追求纪录，超马的意义是"完成它"。**

在超马比赛过程中，会遇到肌肉酸痛、关节痛、起水疱、对内脏的打击、擦伤、晒伤等等问题。超马的这些风险比全马高出许多，比赛中也一定会遇到几次精神上的折磨。

但超马的有趣之处，就是能看到自己在危机之中如何驾驭控制一切。眼前的障碍越高，越有挑战性。

比赛中我不停地对自己反复说：我再也不要做这种事了……这是最后一场……很多次我是这样边跑边碎念着撑过痛苦的时间。

跑完只过了三天，我就会忘记自己曾认真地想过"这是最后一场"，我会一直赞美自己的成就，并沉浸在比赛时快乐的回忆里。

我相信比起痛苦的回忆，正面的回忆会更容易、更深刻地留在脑海中。

超马跑者的脑子里都浮现过"我再也不要做这种事"的念头，但他们还是一而再再而三地去挑战超马，那是因为跑者从超马里得到了自我成长的粮食。

虽然跑步要靠自己的力量才能完成，但**在跑步的逆境中，我们特别能体会到周遭人们给予我们的帮忙、打气，以及人跟人之间的体贴和温情，并且下定决心自己也要为别人付出。**

超马告诉我们：你不是孤单的。这就是超马的精髓所在。

很多人单纯地把超马理解为全马的延长。但如果把超马当作是跟全马完全不一样的运动，我想你就能更近一步理解超马。

我关注从超马学习到的精神面，并参照日本"武士道"，称之为

"超马道"。

为什么那么多跑者明知这是一段痛苦的过程，还是会再三挑战超马？

这背后隐藏着"某种东西"，也许那不是用纪录或是排名等数字可以表现出来的。

跑者就是为了要寻找"某种东西"的答案（每个跑者也许都不一样），才会继续跑下去。

也有可能花一辈子的时间都找不到这答案。

回顾我的前半生，如果说"人生重要的事全都由超马学到"，我想一点都不为过。

在东京马拉松学会的事

2009 年，我和太太一同参加了东京马拉松。在比赛之前，我们就已经说好要一起跑到最后，所以在 3 万参赛者里，我们从后面起跑。我太太在这次比赛之前也跑过几场全马，但都事隔遥远，加上练习量也不足，一开始我还很担心她是否能跑完。

一路上配合我太太的速度，最后我们以 5 小时 55 分的成绩一起抵达终点。我一个人跑的话，会在 3 小时左右完赛，这次一路陪着太太，惊奇地发现了许多过去从未看过的风景。

首先是看到很多奇装异服的跑者。

有些跑者的服装繁复到我不自觉替他们担心："这样跑不会痛苦吗？"但是看到沿途为我们加油的每个人都很开心的样子，就反而佩服起这些跑者的服务精神。

而且周遭几乎都是以完跑为目标的跑者，没有互相推挤、身体接触的问题，跑起来非常舒服。

很多跑者直接坐在补给站附近的路边吃东西。这景象和我平常在超马比赛中看到的一样。

这天刚好气温比较低，我途中上了 3 次厕所，每次都大排长龙，但大伙都井然有序地排队，没有人在路边随地大小便。虽然花了 20 分钟排队，但在这种大规模的比赛中，我体验到参赛者遵守规矩的重要性。

为什么这么说呢？那是因为 2008 年我担任盲人陪跑员参加东京马拉松（当时以 3 小时 08 分跑完），起跑后，在大约一公里处的新宿某座桥下，发现许多跑者在路边小便。

在都市的心脏地区中，沿途有许多特地来加油的观众，在拥挤的跑步队伍旁边小便，想必观众们看得都很不是滋味吧。

以速度来说，这些差不多都是成绩在 3 小时左右的选手，我猜想这些选手可能是不想把时间浪费在排队等厕所上！他们为了个人成绩似乎都失去了理性！

我非常希望这些选手都能有"超马道"的宽裕心态。

"超马道"精神，并不是一定要跑过超马才能培育出来。

在全马比赛中，也有跑者完全不在乎成绩和纪录，注重规矩，和周遭人们分享他拥有的喜悦；在超马世界里，也有人一心只顾跑完，孤独奋战到杀红眼。

武道的世界也一样，重点在于怎么去学"道"。

"道"之精髓会依据每个人的资质被理解，当然也有被误解的时候。

给指导者的建言

参加过奥运或世界锦标赛的顶尖选手，在退出第一线时会用"引退"这一字眼。

他们多数和赞助商签了合约，跑步即是工作，对以此为生计的选手来说，这算是一个"交代"。但对一般的市民跑者而言，这是一个既生疏又一辈子都不会用到的字眼。

引退的理由因人而异，最常见的是体力衰退，或是因伤没办法再继续保持好成绩。

也有人会说，"我不想比到全身都是伤"，所以也有不少还没有体验到胜利滋味就退出的人。每个人的价值观都不一样，只要能开拓出"人生第二春"的话，我觉得怎么选择都没关系。

无论如何，最后还是要看自己的决心，不是吗？

棒球、足球、篮球等团体竞赛的选手，不管自己有多想要上场比赛，只要被球队判定为不需要的选手，瞬间就失去饭碗。

而马拉松或是高尔夫球等个人竞赛，只要本人还有意愿，都可以继续留在赛场上（前提是要保持一定的水平）。如果能力允许，长年持续一种运动，往往能发现许多过去或年轻时没察觉到的事情。

我是一个把跑步当作兴趣的市民跑者，所以没有"引退"。

但我跑了20多年，已经决定要退出两项事务。

第一项是以日本代表的身份参加 24 小时世界锦标赛。

我从 2003 年开始连续 6 年代表日本参加世界锦标赛，其中夺冠 4 次、第二名 1 次，已留下了令人满意的成绩。2008 年在首尔大赛我达成了三连霸，并拿到第 4 次冠军。虽然后来也拥有代表国家出赛的资格，但我还是退出了它。

退出理由很多，最大的原因还是在今后不想拘泥于"日本代表"这个严肃的身份，而是想以自由身份在超马界发展。

第二件事就是，不再追求全马的成绩。

这是因为自己在 2003 年 2 月破了全马的个人纪录之后不久，在一场超马赛里未能有好的成绩。直觉告诉我鱼与熊掌不可兼得，在超马上追求好成绩的同时，在全马也要追求好成绩是行不通的。

这时也理解到"**超马并不是全马的延长，它是完全不一样的运动**"！我毫不犹豫地决定："我的目标要放在当个超马的专家！"

后来曾经在不追求纪录的前提下跑了几次全马，反而让我发现跑步的多样性，并学到了更多东西。

顶尖选手引退后，许多人会去当教练。我个人希望他们可以先搁置在选手时代被植入的"纪录优先"想法，先以跑完比赛为目标，去体验跑步的多样性，当然也希望他们能体验一下超马。

从超马中，我相信不只可以学到如何当个运动员，也能学到许多为人处世的智慧。希望他们能把这些心得传承给下一代。

理想的跑步

也许每个人对"理想的跑步"定义都不同，对我而言，**理想的跑步是"维持一定的速度从起点跑到终点"**。

在比赛后半程，毕竟累积了比赛前半程的疲劳，一定需要花更多的体力去维持跟前半程一样的速度。"维持一定的速度＝后半程要更加鞭策自己。"我希望可以一直把它当作目标。

对我来说，距离"理想的跑步"最近的一场比赛，是2005年的东吴国际超马赛。

距离东吴超马只剩4个半月时，我去参加了24小时世界锦标赛，以269公里获得生平第一座世界冠军。

东吴超马赛前，顾虑到体力并想要让身体多休息，曾经考虑要不然参加12小时赛就好。但越接近比赛，心里反而萌生念头："在还未恢复的状况下跑24小时，自己会表现得如何？"

我客观地对自己产生了好奇心，到了比赛前一个月，把比赛项目改成24小时赛。

既然突然改变了计划，那么这次就来试试跟以往不同的跑步策略。我跟其他人说："这次我不管名次。但全程要用每公里5分30秒的配速跑完。"

当时对我而言，1公里以5分钟配速前进是理所当然的事，我认为这次的预定配速是保守的。到了比赛当天，刚好遇上了罕见的寒流，速度拉不快，但我还是努力压住速度，以每公里 5 分 10 秒至 20 秒的速度跑了比赛前半程。

那一年其他选手都跑得很快，我很快被许多选手超过。但这都在我预期中，所以我毫不改色地默默前进。

过了第 12 小时进入比赛后半段时，竟然发生意外的大逆转。

前半段跑得很快的选手各个都开始减速，不是被我超过，就是中途弃赛。

我保持相同速度直到第 16 小时，排名暂时跃居第一。这时心里生起一股欲望，"我搞不好可以夺冠喔"，并且开始加速，到了 200 公里时，我的配速竟然比 1 公里 5 分钟的配速还快！

我花了 8 小时 42 分跑第 100 公里，从 100 公里到 200 公里我只花了 8 小时 37 分。

过了 200 公里时，由于鞋子磨擦的关系配速变慢了些，但最后还是以 264.41 公里，拿下了第一。

用距离去算平均配速，差不多是每公里 5 分 27 秒，这和比赛前设定的速度几乎一样。

比赛前半程跑了 138.4 公里，后半程跑了 126 公里。跑过那么多比赛，这次是前后半程距离数差距最小的一次。

也许是运气好，但也有可能是因为我抱着轻松的心情参赛，所以身体也在轻松的状况下很自然地进入状态，这就是比赛后半程有好表现的原因吧。

我再次体悟到，**在超马中，强韧的心理状态比强韧的身体来得更重要**。

柔道常说"以柔克刚"。这意味着不见得身材高大的人就一定会赢，个子小的人如果有柔软度，就是能克制住对方的最佳武器。

当然这柔软度并不只指技术，在精神面也是适用的，这个理论我想和"超马道"也相通。

在超马里，不见得每次都是速度快的人、较年轻的人，或是过去有辉煌成绩的人才会赢。

顺带一提，在 2005 年东吴超马赛拿到第二名的选手是黑田宗治先生（当时 55 岁）。那时他所创下的 250.873 公里成绩，是当时 55 岁以上选手的世界纪录。

我确信，我还有很多时间可以去追求我的"理想的跑步"。

超马是适合中高龄的运动

从 2002 年到 2012 年的 11 年中，我在 24 小时赛都跑出了超过 260 公里的成绩。

虽然很可惜在 2013 年、2014 年都未能达到这成绩，但世界上 24 小时赛能跑超过 260 公里的跑者本来就寥寥无几，能这样连续 11 年保持 260 公里以上纪录的，可能除了我以外没有其他人了。

虽然可能无法再跑到世界纪录，但到 45 岁为止我曾经保持了高水平的状态，对我来说这是值得骄傲的事。这都要托家人和平常替我加油的朋友们之福，我由衷地感激。

很多人问我："随着年龄增长，身体会不会越来越吃不消？"我的答案正好相反——"随着年纪增长越跑越轻松"，换个说法是**"年纪增长后，没办法像以前那样痛苦地逼自己了"**。

我的跑步生涯累计到目前，可能跑了超过 10 万公里。这样一直反复做同样的动作，身体自然找到了最顺畅的动作方式，学会了最省力气的跑步方法。

年轻的时候总是想要用尽全力，跑 24 小时绝对不能浪费一分一秒，身体和心理都处于紧绷的状态。

这样当然有可能创造好成绩，但我不认为用这种气势得到的成绩，真的就代表了实力。

年轻时很容易把这些误解成是"自己的实力"，然后，在几场比赛中成绩如果不如自己预期，就会责怪周围的环境。

成绩不如预期时，如果不坦诚去接受事实，承认"这就是我现在的实力"，并且重新出发，那就永远都没办法晋升到下一个阶段。

在 24 小时比赛过程里，一定会面临"必须咬紧牙关忍耐度过"的时间段。

这个时间段会随比赛有所不同，没办法明确指出是在哪个时段。为了顺利度过这个时间段，必须考虑在其他时间里保留体力。

但年轻、经验较少的选手，可能会在每个时间段都全力冲刺，所以一碰到吃紧的场面，往往就没有余力去应对。

用气势全面冲刺尽管重要，但也需要放慢速度的勇气。我甚至认为这比冲刺还要重要好几倍。

这往往和跑步经验与人生经验有关系。

有人说"超马是个适合中高年龄的运动"。这句话颇为中肯。因为在超马的世界里，一个人的脚力不代表一切。

长年跑步培养出顺畅的跑步方法，在比赛中再拿捏好力道的收放，很自然可以减轻身体的负担，我认为可以用技术去克服体力上的衰退。

当然，不得不承认我也越来越多地感觉到了体力衰减，比如视力减弱，身体更容易僵硬，比过去容易疲劳。

但就是因为意识到这些问题，我现在最大的课题就是：如何在减少身体的负担之下追求纪录。

今后到了 50 岁、60 岁，我也还很期待自己会有什么样的表现和成绩呢！

你会温柔待人吗

跟我打招呼的少年

平常我主要是跑步通勤，往返于家和公司之间，当作日常练习。

单程距离差不多有 5 公里，途中经过一个小学，每天我都会固定遇到排队上学的一群小朋友。

有一天，其中一位少年突然朝着我，很有精神地跟我打招呼："早安！"我也挥挥手跟他说："早。"这个招呼给了我一整天愉快的心情。

每一天，我几乎都在同一个时间经过这里，遇到的小朋友，我想应该也都是同一群人吧，但不知道为何就只有那天会有人向我打招呼？是那位少年刚好心情好吗？还是父母或老师教导他要这么做？总之那时我的第一个反应是：这小学的小朋友们真是有精神，被教育得真好啊！

此前和之后，在每天遇到的几百位小学生中，对我打招呼的始终只有那一位。

虽说只是一位小朋友的小小举动，却让我改变对那个小学整体的印象。

我从那位少年的行为举止，联想到他有个很好的家庭、良好的人际关系，并受了优良的学校教育。

相对地，坏事则会带来反效果。如果一个学生有轻率的行为举止，我们也容易对他的家人、老师与学校，抱持怀疑的态度。

到目前为止，我出国有 50 次以上，记得第一次出国旅行之前，我刚好在某本书读到这句话：

"出国时，你要自认为是代表国家的外交人员，要谨言慎行。"

总之，你在海外的一举一动，当地人都有可能会以"日本人真是……"的角度看待。

有时，给人不好印象的一点小事，可能是由于你与当地人的文化和习惯不同。但不管是好印象还是坏印象，不可否认的是，对方都会因此联系到对一个国家的整体印象。

也许有人会说："我只是去度假的，才不要管那么多呢。"但重点是，你要学会时时体谅他人，这是心态的问题。如果平常在生活中就习惯于体谅他人，就不需要烦恼到其他地方时会做不到。

你的行为举止，不只影响到你个人的形象，还连带影响到你所身处的周遭环境的形象。

要站在你身处的各个不同层面的立场上，为所有的举止负责才行。

站在对方的立场去想

到目前为止我接受过的报章杂志、电视台采访,加在一起已有数十次了。

采访大多约在咖啡店或是我家、对方办公室等地方,以边喝咖啡边交谈的方式居多。我也曾被招待喝啤酒接受采访,喝过酒后总是能畅怀表达己见,通过言语把头脑里原本模糊的想法表达出来,不只传达给了对方,似乎还因此更加了解自己。我很看重每次的采访。

接受过的访谈中,印象最深的,是和一位足球解说员的对谈。

那天他想一边跑步一边采访我,所以穿着一身球衣出现在我面前。

他比我年轻,在业余球队里踢球,想必是对自己的体力有自信吧。但踢足球用到的肌肉和跑马拉松用到的肌肉是不一样的。

试着身处跟对方相同的立场倾听对方的意见,我很佩服他这样的态度。但真的可以这样做采访吗?我一边跑步一边在内心担心起来。采访时长定在 90 分钟,和一场足球赛一样。

我们并非跑在田径跑道上,而是绕着公园的草坪操场,并肩慢跑。

一开始,话题主要围绕 2006 年世界杯足球赛结束后,新一代的日本足球代表队，这时我提及了自己参加 24 小时世界锦标赛的经验，试着要寻找共通点。

原本担心话题不合，但似乎是我多虑了。足球解说员一直不断地激发出隐藏在我内心深处的东西。

我对足球的了解不深，但当我从一般人的角度对日本足球代表队建言时，对方也深有同感地响应了我许多。

我们以 1 公里 6 至 7 分钟的速度慢跑，过程中他不断丢问题给我，感觉时间很快就过去了。

但跑着跑着，他的步伐越来越沉重，他似乎在忍着某处的痛苦硬撑着。

也许因为他内心想着"90 分钟怎么这么漫长呢"，在最后，他竟然问了我这样的问题：

"关家先生，跑步到底哪里有趣呢？"

之前我都能很快回答他的问题，唯有这时我突然讲不出话来。跑步当然有许多有趣的地方，我才会持续不断去跑，但我没有先准备好可以说服对方的简短答案，这问题倒是考倒了我。

如果是坐在椅子上接受采访，我一定可以边想边说，说出许多跑步有趣的地方吧。可是此时我正在跑步之中。

结果，我没能好好回答这问题，90 分钟比赛结束的哨声响起，采访也结束了。我们大概跑了 12 公里，不过我很希望能再多个 5 分钟，不，就算再给我半场球赛的时间（45 分钟），我看也回答不完最后一个问题吧。

解说员的膝盖、腰部疼痛，脚底还起了水疱，在痛苦中他总算完成了采访，我称赞他说："最后这问题问得很尖锐啊。"他得意地跟我握手道别。

如果他没有跟我一起跑，可能也不会问出那最后的问题。

跑步的过程中，他的身体产生了疼痛，才会直觉地问出："为什么忍受着这样的痛苦还会继续选择跑步？到底哪里有趣啊？"

　　一起跑步，站在对方的立场，才能产生共鸣。尽管他问了我这个难以回答的问题，我仍是很自然地愿意回答他。

　　如果是坐在椅子上平常地接受采访，我想这个问题不会出现。事实上，在那之后，再也没有人问过我一样的问题。

　　站在对方的立场去看去想，才能体会到和平常不一样的景色。

我尊敬的跑者：大泷雅之

每年参加东吴国际超马赛，在比赛前都会接受电视和新闻媒体采访。被采访时，一定都会被问到一个相同的问题："你最大的对手是谁？"

我的答案每次都一样："对手就是我自己。"

我不是在隐瞒什么，也不是在故意耍帅。我心里真的是这么想，所以答案始终如一。

真正参与比赛的只有我自己，比赛前半程其他选手跑得再快，都不会影响我的配速。

我会冷静观察自己的体能和周遭选手的状况。

被视为冠军热门的选手有可能陷入苦战，完全没听过名字的"黑马"选手也可能领先。比赛是活的，没人能掌控全局。

所以我会先掌握比赛的动向和气氛，然后试着把自己融入比赛里。

如果把他人当作对手，容易被他的速度影响，迷失自我。

我说对手是自己的原因就是在此，最终还是要看自己能不能守住配速。

尽管每一次都是自己跟自己的竞赛，但在我心中有一位选手是我学习的目标，就是每年也都会参加东吴国际超马赛的大泷雅之选手。

2000年的斯巴达松超马赛，我和大泷选手因交手而认识。当时我原本领先，但在100公里左右被大泷选手超过，之后他就一路展开攻势，最后拿到了冠军头衔。他是第一位在斯巴达松拿到冠军的日本跑者！至于我呢，则在这场比赛的中途弃赛，和他有天壤之别。此后，我们频繁地在各个比赛中碰面，相互激励。

大泷选手的家离我家不远（搭电车一小时内的距离）。他是支气管内科医生，平常没什么机会碰面，但有机会一起喝酒时，我们总是相谈甚欢，除了聊超马，也会聊孩子的话题。

大泷选手在2000年的斯巴达松夺冠之后，继续创造了几个耀眼的纪录。2004年，他是第一位在24小时赛里破了270公里（271.75公里）纪录的日本人。2007年，他在48小时赛刷新了亚洲纪录（426.448公里）。

我对他的纪录抱持尊敬，更尊敬他的人格。

大泷选手完全没有医生的架子，很大方、不拘小节，我常对他开玩笑说："大泷你也太少根筋了吧！"

事实上，他对周遭的人很体贴，事情都想得很周到。

具有宽广视野的人，在比赛中也会对全局观察入微，冷静地判断自己是要冲速度，还是要保留体力。

大泷选手厉害之处，与其说是脚力，不如说是他的人格吧。今后我也要向他多学习。

与众不同的 100 英里 "西部州耐力跑"

过去我曾经在一年内参加 20 场以上的比赛,但最近这几年我顶多每年参加 3 场。我会分清楚比赛前的练习期和比赛后的休息期,在其间取得平衡。

近几年跑的比赛以"时间赛"居多。它的规则是在固定的时间内,在一个场地里,一直绕圈圈去比距离。

当然我也喜欢路跑赛,也跑过几次越野赛。

越野赛中,我印象最深刻的是 2000 年美国加州的 100 英里(约160 公里)"西部州耐力跑"(Western States Endurance Run)比赛。

当时我刚好失业,在比赛前 10 天就到了会场,并爬了跑道里海拔最高点(标高 2650 米)的埃米格兰特(Emigrant)4 次,目的除了适应高山症,还有多晒太阳以适应加州特有的炎热天气。

这项比赛从寒冷的早上 5 点开始。从斯阔谷(Squaw Valley,1960 年的冬季奥运举办地,标高 1890 米)起跑,跑到最高点的埃米格兰特要一口气冲 7.5 公里的上坡,之后就是一直重复上下坡,但基本上,下坡还是比较多。

白天气温会飙高到 40 摄氏度,我都快脱水了,只好尽量在山里找树荫避暑。

长度约 160 公里的赛道中,有铺路的路段只有 5 公里,其他都是山路。

途中会经过河流，需要抓着绳子才能渡过，在水深及腰的高度要走 100 米左右。

晚上摸黑跑山路，唯一的光线来自头上的头灯。

最后 10 公里有义工陪跑。最后我以 21 小时 31 分抵达终点——普莱瑟高中（Placer High School）。

比赛的时间限制是 30 小时。比赛结束 3 小时后，就在普莱瑟高中体育馆内举行颁奖典礼。

大会不只颁奖给完赛的选手，也会颁奖给帮忙的义工。

特别是会给连续好几年都来大会帮忙的义工颁奖，赠送他们纪念品。看到他们领奖时，我比自己完赛还要开心。

"西部州耐力跑"的参赛条件，有一项是必须在报名时附上选手在其他大赛担任过义工的证明。

这用意在于，作为选手，必须先体验过义工的辛苦，才会在比赛时更懂得感恩。

我很希望其他大赛也采用这样的制度。

有句老话叫"因果报应"。为别人做的事（不管好事坏事），最后都会回应到自己身上。**我们期待自己能在比赛中舒适地奔跑，但去当个义工热心地帮助他人跑步也不赖！**

"西部州耐力跑"除了是一场能享受到大自然的越野赛，还让我重新看到了人性善良的一面。

一起跑步产生的革命情感

长时间、长距离的超马赛事中，会发生各种故事。

放慢速度跑步时，会发现不少跑者跑在你附近，我会一边跑一边和这些不熟识的跑者讲话、互相打气一同前进。在路跑赛里我也常这样做。

通常聊的内容都跟比赛有关，或是讨论接下来的路段等等。有时也会聊和比赛完全无关的事。

他们是长时间一起呼吸同样的空气、一起流汗、一起共甘苦的"战友"，如果他们中途弃赛，我也会很在意他们的情况。

常常有参加同一场比赛后变成好朋友的例子。甚至我也听说过男女跑者关系发展到结婚的例子，超马也可以当作认识异性的绝佳场所呢！

我从25岁开始跑步，刚开始的5年，没什么实力在超马里争名次，每次都差点跑不完。

到各地参赛，周遭很多跑者的目标也都只是跑完全程，日子一久我也认识了许多跑友。

当初之所以加入我现在所属的"巨人军团"俱乐部，也是因为在某一场比赛里认识了俱乐部的会长齐藤安广先生，当时我和他一同跑到了终点。

也曾经因缘际会通过跑步认识了女性朋友，虽说最后只化成一段青涩的恋情……

在某一场比赛里，残奥会马拉松国手保科清和我搭话，我才有机会和他做朋友，也因此有机会认识日本超马界的开山先锋冲山健司选手。

认识保科选手和冲山选手，不只让我增长了跑步见闻，还让我的跑步生涯甚至我的人生有了很大的转变。

通过旅行、运动、社团、聚餐等活动，我们能认识到各种人。**而在超马的世界中，跑友们可以一起体验酸甜苦辣，一同欣赏美丽风景，分享相偕完跑的喜悦和感动。**我想，这样的舞台在其他领域很难找得到吧。

超马赛中，孤单地领先的选手，就算有其他跑者跑在身旁，也会因为要争名次彼此不多说什么。但就算两人没有对话，内心也能体会到对方身处同样的苦境。比赛结束后，跑者会互相拍肩慰劳对方。不管跑者领先还是殿后，其实心中都在为对手打气。

我听冲山选手说过这么一段故事：

在某个百公里超马赛，他和好朋友从一开始就展开激烈的拉锯战。和对手一路跑到比赛后半程，冲山心想，这样跑下去要厮杀到最后一刻才能分出胜负。

在某个时刻，他们互相看着对方的脸，默契地决定："我们一起抵达终点吧！"于是他们一同抵达终点，分享第一名的喜悦。

这故事多么温馨！

长时间和对手一起跑步，心灵是会产生共鸣的。你会领悟到胜负已经不是那么重要。

像冲山健司那么顶尖的选手，也都会体谅对方。可以说，**只有抱持着这种不强求一定要分出胜负的态度的跑者，才是真正的"超马道"模范。**

为什么非洲的马拉松选手这么强

日本马拉松选手和外国选手相比，可以说实力越来越悬殊。

特别是近 20 年，非洲肯尼亚等地选手崛起。过去被称作日本拿手竞赛项目的日本马拉松，现在成为风中残烛了。

1965 年，全马的世界纪录保持人是日本的重松森雄选手，他的纪录是 2 小时 12 分 00 秒。这个纪录在两年后被更新，从此日本男选手就与世界纪录无缘。

目前的世界纪录 2 小时 02 分 57 秒，是由肯尼亚选手丹尼斯·基普鲁托·基梅托（Dennis Kipruto Kimetto）在 2014 年创下，排名第二到第四都是肯尼亚选手，第五名（2 小时 03 分 59 秒）则是埃塞俄比亚选手海尔·加布雷塞拉西（Haile Gebrselassie）。全马破 2 小时 04 分的 5 位选手都是非洲籍的选手。

除此之外，看看历代成绩排名前 100 名，肯尼亚、埃塞俄比亚选手就占了九成以上。从这里也能知道这两个国家的强大实力。

日本全马纪录 2 小时 06 分 16 秒，是高冈寿成选手在 2002 年创下的，已超过 10 年没人能破这成绩，而在这期间，日本和世界纪录的差距被拉大到 3 分 19 秒。

讨论非洲大陆选手为什么这么强的研究非常多，大致可以归纳为以下三点：

一、优质的体能；

二、把跑步融入生活；

三、坚强的意志力。

先说"优质的体能"。肯尼亚、埃塞俄比亚这两个国家，人口密度较高的地区海拔在 2000 米以上，空气稀薄的高原里，光是在这里生活就是在训练心肺功能。这就是有利于跑长距离的最大因素。

虽然世界各国许多选手会在比赛前去高地做密集训练，但还是比不上高地居民。

至于"把跑步融入生活"，这两个国家的国民生活贫困，住家通常离学校遥远，每天上学就可以锻炼脚力。2008 年，在北京奥运拿到马拉松金牌的肯尼亚选手萨缪尔·万吉鲁（Samuel Wanjiru），从 6 岁开始每天跑 30 公里上学。对于没有钱买车也没钱搭公交车的人们来说，跑步是他们唯一的移动方式，是生活的一部分。

跑在没有铺柏油的山间自然道路上，他们学会了最自然、省力的跑步方法。

不过，我觉得他们实力强大的最重要原因，还是在"坚强的意志力"。

在贫困中生长的选手们，大家都认真地想一炮而红。他们渴望胜利的饥饿感，不是生在不愁吃不愁穿的先进国家的选手可以相比的。

比赛拿到的奖金可以提升自己的生活，照顾家人和亲戚，甚至可养活到孙子这一代，选手抱着强烈的为别人而跑的念头（虽然也有为了个人名利在跑步的选手）。吃过苦熬出头的人，一定能理解其他人的辛苦，也会替别人着想。

他们之所以跑得快，我想就是因为有自我牺牲的毅力。

这种替他人着想的精神，并不是只在贫困的生活中才能培养，只要有好的教育和环境，我认为在先进国家的富裕生活中也同样可以培养。

最重要的是，不把周遭的一切都当作是应得的。要抱着感恩的心，去感谢生活在此刻此地的每一秒。我从超马中学到了这些事。

长时间跑步，刻意把自己丢到痛苦又严苛的环境里，在身体达到极限的状态中我们能发现许多事：自己的优点、自己的软弱之处、对大自然的敬畏，以及人的温情、体贴等等。很多是在日常生活中体会不到的。

我认为，人一旦体验过身体极限，就会开始对很多事物抱有感恩的心，这"感恩的心"，才是所谓"超马道"的精神。

如果今后非洲人变得富裕，不愁穿不愁住，跑马拉松的理由也相应地变成"我要当明星、开好车、追女生"，那时候，非洲马拉松王国的地位或许也会崩塌吧。

往后日本的马拉松选手要与其他国家选手抗衡，除了加强训练，加强心态教育也是很重要的。

第 3 章

从败战中学到的更多

败战的收获更多

扬尼斯·库罗斯 Yiannis Kouros

瓦尔米尔·努内斯 Valmir Nunes

保罗·贝克尔斯 Paul Beckers

斯科特·尤雷克 Scott Jurek

马丁·弗莱尔 Martin Fryer

奥斯瓦尔多·洛佩斯 Oswaldo Lopez

塞尔吉·阿尔博纳 Serge Arbona

败战的收获更多

到目前为止，我拿了 30 次以上的超马冠军，拿过 9 次第二名。

其中有差一点就可以拿到冠军的比赛，也尝过和第一名差距很大的败战。

回想起来，我认为尝到败战时学到的东西比得到冠军时还多。

以下 7 场是输给外国选手的比赛。

2002 年

东吴国际超级马拉松赛（24 小时赛）

第一，扬尼斯·库罗斯（Yiannis Kouros）[希腊] 284.07 公里

第二，关家良一 266.275 公里

2003 年

东吴国际超级马拉松赛（24 小时赛）

第一，瓦尔米尔·努内斯（Valmir Nunes）[巴西] 273.828 公里

第二，关家良一 261.64 公里

2003 年

国际超级马拉松协会 24 小时世界锦标赛（24 小时赛）

IAU 24 Hours World Challenge

第一，保罗·贝克尔斯（Paul Beckers）[比利时]270.087 公里

第二，关家良一 267.223 公里

2006 年

斯巴达松（246 公里）

Spartathlon

第一，斯科特·尤雷克（Scott Jurek）[美国]22 小时 52 分 18 秒

第二，关家良一 24 小时 14 分 11 秒

2009 年

叙热尔 48 小时徒步（48 小时赛）

48 Heures pèdestres de Surgères

第一，马丁·弗莱尔（Martin Fryer）[澳大利亚]433.686 公里

第二，关家良一 402.321 公里

2011 年

恶水超级马拉松赛（217 公里）

Badwater Ultra Marathon

第一，奥斯瓦尔多·洛佩斯（Oswaldo Lopez）[美国]23 小时 41 分 40 秒

第二，关家良一 24 小时 49 分 37 秒

2012 年

独行侠超级马拉松赛（24 小时赛）

Lone Ranger Ultra Marathon

第一，塞尔吉·阿尔博纳（Serge Arbona）[美国]249.019 公里

第二，关家良一 237.809 公里

在 2002 年和 2003 年的东吴国际超马赛，第一名的选手从一开始就保持领先，直到最后。其他 5 场则是一开始我领先，到比赛中间才被逆转。

这些选手在超马界各个都很有来头，对我来说，能和他们同场竞技是非常荣幸的事。

我虽然输了比赛，但完全没有任何"不服气"的感觉，心情反倒很清爽。

原因是，除了很满意自己的表现，最重要的是，我从他们身上学到了一些不可取代的经验。

从他们的喘气声、他们的步伐，甚至从他们的背影，我感受到了许多。

这些感受不局限于和跑步有关的事，在人生的道理、奥义上，他们似乎留给我很重要的讯息，恐怕比我在任何自己得到了第一名的比赛中，学到的东西都更多。

我想借着回顾这 7 场比赛，清楚地整理我从他们身上学到的事。

扬尼斯·库罗斯
Yiannis Kouros

2002 年东吴国际超马赛，媒体大众瞩目的焦点，都放在拥有 24 小时等超马赛各项世界纪录的库罗斯身上。

我是前一年的大会冠军，虽说是以卫冕者之姿参加，但我很清楚我根本不是他的对手。

那年我的比赛目标是超越当时的亚洲纪录 262.238 公里（1994 年由有田选手创下）。我心里抱着一线希望，毕竟库罗斯也是人，也有出状况的时候，如果可以接近亚洲纪录，"搞不好会有奇迹发生"。

起跑没多久后，我发现一开始的想法根本就是妄想。

库罗斯的跑姿不是很漂亮，看起来不快，但实际上速度非常快。几位选手试图跟他，很快就放弃而放慢速度，开赛没多久库罗斯就领先群雄。

我从一开始就以一圈（400 米）两分钟，1 公里 5 分钟的配速前进，但频频被他超过，真的是被他的速度吓到了。

要超过前面的选手时，他会绕跑道外围。如此一来一圈 400 米的距离会比实际长一些。但库罗斯丝毫没有任何怨言，默默地、淡淡地，享受属于"他一个人的比赛"。会场所有人都着迷于他的表现。大家都认同，他这种毫不动摇的态度，才是"真正的王者"。

库罗斯以不到 3 小时的成绩跑完 42.195 公里，以 7 小时 09 分跑完 100 公里。

我则花了 8 小时 25 分跑完 100 公里。明显感受到和他实力的差距，但我也专注于"我自己的比赛"，并没有在意和库罗斯之间的差距。

我和他的差距最多被拉到 45 圈（18 公里），但在第 10 个小时左右，库罗斯的速度明显变慢。在第 13 个半小时，我和他的差缩短到 32 圈（12.8 公里，虽说还是差很远）。

这时候库罗斯展开了攻势。他突然紧跟在我后头，和我以一圈两分钟的速度前进。

一开始我还没搞清楚状况，被"超马之神"紧跟在后，心里其实还蛮得意的。

我压抑不住心里的躁动，心想："好啊，那就让我来帮神——库罗斯拉速度吧。"于是加快了速度，以一圈 1 分 45 秒的配速跑了几圈之后，体力开始下降，跑了十几分钟之后，我维持不住一圈两分钟的配速，勉强硬撑前进。

这时我知道，我中了他的计！先前我一直都在"自己的比赛"中，后来却落入库罗斯设的陷阱里！

此时库罗斯仍然面不改色累积距离，最后以 284.07 公里的惊人成绩夺冠。

我勉强撑到最后，虽然以 266.275 公里刷新了亚洲纪录，但我和他的距离还是被拉开 18 公里之多。

从这场比赛中，我学到了维持自己配速的重要性。

人生也一样，朝着目标，不改变自己的态度，一步一步走向前。过程中会面临各种障碍和诱惑，打乱我们的步调，但最重要的是不可以迷失自我。

库罗斯对我展开的攻击，表面上看起来打乱了他自己的配速，但其实这些变化都在他的掌控之下。我的经验不足，虽然那场比赛任他操弄，但我强烈感觉到，我自己也很需要能影响别人速度的实力。

库罗斯在东吴的成绩虽然离他自己树立的世界纪录（303.506 公里）有一段差距，但是直到 2014 年之前——也就是东吴国际超马赛纪录被原良和选手更新之前——这个成绩一直是 21 世纪的最佳纪录。

对我来说，那是第一次也是最后一次和库罗斯交手，我获益良多。

瓦尔米尔·努内斯
Valmir Nunes

和努内斯的第一次较劲，是在 2001 年的斯巴达松。

他是第一次跑斯巴达松，我则是第三次。但我因为在前一年中途弃赛，所以这次斗志非常高昂。

那年 3 月，我在东吴国际超马赛以 246 公里获胜。4 月参加樱花道超马赛，以 22 小时 45 分更新大会纪录获胜。因为这些成绩，当地的电视台把我当作有望在斯巴达松夺冠的选手，并在比赛前访问了我。但对我来说，能跑完全程才是最重要的。

秉持无欲无求的态度，我把纪录当作是努力过后的附属品，但是人们却不这么想。

大家看到参赛者名单后就一直煽动我说："关家，你很有机会喔！"

参赛者名单中，有努内斯的名字，但我完全不知道他的来历。

有好心的跑友跟我介绍了他。他在 1991、1995 年的百公里世界锦标赛都拿到冠军。1995 年的 6 小时 18 分成绩，是当时的世界纪录（现在是历代第三）。看来超马界的这位巨星是来势汹汹。

比赛结果和大家预估的一样，努内斯从一开始就遥遥领先，以 23 小时 18 分的成绩获胜。

我曾经一度在100公里处附近逼近他，距离也拉近到约20分钟，但最后还是耗尽力气，以25小时27分拿到第三。

　　我很满意这个成绩。同时也让我开始抱持着希望，我想，如果再多练习一点，搞不好哪一天我就有夺冠的可能。

　　在来年（2002年）的斯巴达松，我和努内斯又碰头了。

　　这一年他也是比赛一开始就领先，一下子就不见他的人影，但在100公里处努内斯因为肚子痛被迫弃赛。

　　我则在过了100公里后一路领先，奔向终点，顺利夺冠。在一年前，我没有想到自己可以这么快就拿到冠军。

　　我和他各自顶着"斯巴达松冠军"的头衔，在2003年的东吴国际超马赛里三度碰头。

　　如大家所料，从一开始他就冲出去跑在前面。我也不认输，用比前一年更快的配速，紧追在他后面。

　　我花8小时03分通过100公里，比前一年快了21分钟，但这时候我和努内斯的差距被拉到10公里以上。

　　随后我受不了这个配速，不得不放慢了速度。我猜努内斯也累了，但他似乎在观察我的状态，在比赛后半程还保留余力，最后他以273.828公里拿下第一，我则以261.64公里拿到第二。赛末和他的差距，与在100公里处的差距一样。我很后悔没能在比赛后半程追赶，施加一点压力给他。

　　当时我的比赛策略是维持一定的配速，到比赛后半程再追赶，但我在比赛过程中，太在意速度型的努内斯了。

　　从这次比赛我学到，果然还是不能被对手的策略影响，而是要贯彻自己的策略才行。

　　前一年我在东吴被库罗斯打乱阵脚，这一年则是自己乱了阵脚。

　　努内斯平常是个很真诚的人。个性开朗、活泼，有着标准巴西人的气质。在比赛中他也不玩小手段，总是贯彻"我要冲到我的极限"这个策略，状况好坏会明显反映在成绩上。我对他天性乐观的态度抱持着好感，日本许多超马选手也很喜欢他。

后来也继续和他在其他比赛碰头。努内斯跑姿的特色，是下半身总是很稳定、不晃动，是我追求的理想跑姿。我总是参考他的跑姿。

我和他在速度上差太多了，还称不上是他的对手。但我期待，速度型的他和追赶型的我，今后能继续相互切磋琢磨。

保罗·贝克尔斯
Paul Beckers

参加过 6 次 24 小时世界锦标赛的我，曾夺冠 4 次，留下令人满意的成绩。

每一场比赛我都印象深刻，拥有美好回忆，其中 2003 年第一次挑战的荷兰世界锦标赛（2003 年 10 月 11 日—12 日），是最难以忘怀的一场比赛。

24 小时世界锦标赛从 2001 年开始举办，第一届在意大利举行，从 2003 年开始每年由候选国轮流举办。我能够以日本代表队的选手身份参加第一届比赛，深感幸运。

第一次跑欧洲的 24 小时赛，我以一个挑战者的心情参赛，想看看自己在强者云集的舞台上，能有何种表现。

IAU（国际超级马拉松协会）和 IAAF（国际田径联合会）授权公认的 24 小时世界锦标赛，第一届有来自 22 个国家共 180 名选手参赛。

比赛最被看好的努内斯，如大家预期从一开始就跑在前面，比利时、俄罗斯的选手紧跟在后。我反省同年 3 月我在东吴国际超马赛的表现，决定不和任何人竞争，维持 1 公里 5 分钟的速度前进。

我以 8 小时 18 分通过 100 公里，配速维持得很理想，这时我排名第六。大家的实力好强啊！接下来我以 12 小时 42 分通过 150 公里，速度稍微变慢了，但排名升到第三。这时跑在我前面的就是努内斯和比利时的保罗·贝克尔斯选手。

我从跑友冲山健司选手那里听过贝克尔斯的事，这是我和他的第一次交手。

贝克尔斯有几项光荣成绩。他曾拿过 1992 年的斯巴达松亚军和 1996 年樱花道 250 公里超马赛冠军。此外也曾经破过 48 小时赛的道路世界纪录。

我一路追赶这么有实力的两位选手，心里除了兴奋，也有几分不安。

比赛这日天气晴朗，但是到了清晨，由于热辐射冷却的影响，气温骤降，最低温度不到 5 摄氏度。

我穿着长袖运动 T 恤和长袖紧身衣来预防失温，但跑在前面的两位选手都穿着短袖短裤。我很佩服他们的身体如此强韧。他们甚至连换衣服的时间都省下来，我被如此激烈的竞争给吓到了。

到了第 19 个小时，努内斯突然停下脚步。贝克尔斯跃居领先地位。

我的排名也升到第二，和贝克尔斯拉近到只差 9 分钟的距离。但贝克尔斯似乎在和努内斯的追逐战中用尽了体力，看得出他的疲劳，跑步也没有什么劲。

我利用时机加快速度追赶他，并且在第 20 小时 30 分追上，超过了他。

但这时我的身体出了状况，肚子竟然痛了起来！很有可能是 5 个小时前喝了一口牛奶所致。原本应该在这个时间段拉开和他的距离，但我却冲去厕所好几回。

每当我去上厕所贝克尔斯就会追上我，但他不会因此就超到我前面，他会等我从厕所出来，故意放慢速度跑在我后面。

除了肚子不舒服，我心里还很焦急，一心就是想领先他多一点距离。

到了比赛结束前的 40 分钟。我和第二名贝克尔斯大约差距 600 米。身体的疲劳加上肚子痛，我面目狰狞地想保持领先到最后。贝克尔斯则默默压低帽子，静悄悄的身影似乎在说：我才不在乎任何的名次。

就这样过了 15 分钟，比赛剩下 25 分钟时，他突然加快了速度！

他的速度非常惊人，突然拉近和我的距离。比赛只剩下 15 分钟时……我终于被他超过，在被超过的瞬间我便倒在地上不省人事。

很多人说："不到最后一刻是不知道比赛胜负的。"我在最后一刻被经验丰富的高手打得满地找牙。

所谓胜者，就是第一个跑到终点的人。不管在比赛过程中跑得有多好，都不代表能够获胜。

贝克尔斯冷静地预测等待"逆转胜利的时机"，并在紧要关头发挥最大的力量。

我彻底被他打败，被他这老练又纤细的心理战狠狠地打爆。我输得心服口服，一点都不后悔。

我从未看过在最后一小时逆转胜利的 24 小时赛，不过能亲身体验到这么具有戏剧性的比赛，是非常有意义的。

比赛后我躺在担架时，贝克尔斯来到我身边，我们互相拥抱赞赏彼此的表现。

他和我握手并对我说："冠军不只属于我，而是属于我们两个人。"

能够和这么棒的选手一起竞赛，我心里感到无比幸福。

斯科特·尤雷克
Scott Jurek

世界上超马赛大大小小，数量不少，但对日本人来说，希腊的斯巴达松被看作是最顶尖的超马赛。

公元前 490 年，波斯和希腊在马拉松平原展开血战。雅典的将军为了向斯巴达求援，派遣传令兵菲利皮季斯前往传讯，他从雅典出发，隔天就抵达斯巴达。这是斯巴达松超马赛的历史起源。比赛从 1983 年开始举办，第一届共有来自 11 个国家的 45 位选手参加。比赛中气温最高会超过 30 摄氏度，晚上则降到 10 摄氏度以下，中途必须越过泰格特斯山脉（Taygetos）。

严苛的跑道和气候条件，雄伟的风景，吸引着顶尖选手参加。

由于日本电视节目与书籍曾大篇幅报道斯巴达松，因此在日本国内这是最知名的超马赛事。

我在 1998 年第一次参加这个比赛，2002 年第四次去挑战时拿到了冠军。以那次夺冠为转折点，从 2003 年起我定下目标，连续 3 年将 24 小时世界锦标赛当作重点比赛，并决定不参加斯巴达松。

这是因为世界锦标赛的举办日期通常都在夏天或是秋天，和 9 月底举办的斯巴达松时间有冲突。

到了 2006 年，24 小时世界锦标赛在 2 月举行，行程上多出了空档，于是相隔 4 年后，我决定再次参加斯巴达松。

当然目标还是拿冠军。

2 月的世界锦标赛之后，我虽然伤到了右膝的半月板，但不至于影响跑步。我一点都不担心，照计划参赛。

比赛一开始我从最后面起跑。这一天和往年一样炎热，跑在前方的选手慢慢落后，我的名次则逐渐进升。到了 45 公里处，我追上了最被看好夺冠的努内斯，接下来就和他一起前进，跑了很长一段距离。

通过 110 公里处，我们追上了跑在前头的第一名选手。

他是美国选手斯科特·尤雷克。

这是我首次见到斯科特。三个人成一个小集团跑步时，努内斯向我介绍了他。介绍得很简单，我无法得知斯科特的成绩和实力。

跑了一段时间，努内斯和斯科特两个人的速度变慢了，还有体力的我暂时跃居第一。我和他们的距离慢慢地越拉越开。

我以为这里是胜负关键，于是加快速度，试图领先他们多一点距离。

在 124 公里处通过了大补给站。之后接连等着我的是曲折的上坡。到了山顶时，我确认自己和第二名的斯科特差距拉大到 1 公里以上。

那时我以为，斯科特在被我追上之前，一个人跑在前方一定用尽了力气，他一定累到没办法再追上我了。接下来才知道，我实在太大意了。

来到 140 公里处的补给站，工作人员对我说："斯科特从后面追上来咯！"话说完没多久，斯科特以很快的速度追上我，并且超越了我！我当然再度加快速度追赶他，速度拉到 1 公里 4 分半，我们展开了激烈的竞争。

在 148 公里处我落后了斯科特 1 分钟，但在那之后 10 公里的上坡，我又再度追上了他。我们几乎同时到达泰格特斯山脉的登山口。

从这里上到山顶的 2.3 公里，一路十分险峻，必须要攀岩才能前进。在山顶时，又被他领先了 1 分钟的距离。

但我真正见识到他的厉害是在下坡。

从这里开始是持续 2.7 公里没有铺路的下坡山路。转瞬间便不见斯科特的人影。实在是消失得太突然了，我还以为他跑错跑道，到了山底的补给站才知道他已经在 10 分钟前通过了。我原本就不太擅长下坡，但没想到在这么短的距离内就会和他拉开 10 分钟之久……

至此我才恍然大悟，他不是个简单的人物！但局势已难以挽回，我太晚才摸清他的实力，和他的距离也越差越大。

最后，我和斯科特相差 1 小时 22 分到达终点，继库罗斯之后，斯科特是史上第二位在 23 小时内完赛的选手。

比赛后，我在终点等朋友回来时，和斯科特攀谈，才知道他在西部州耐力跑中拿过七连霸，并在 2005 年与 2006 年的恶水超马赛达成二连霸。

我曾参加过 2000 年的西部州耐力跑，不过当时还不是可以争名次的选手，老实说我那时根本没注意到斯科特这个人的存在。

几年后，很荣幸可以和这么棒的选手一起争夺冠军。

斯科特在比赛前半程尽管速度飞快，但他具有非凡的恢复力和强韧的身心。他的策略高明，在爬坡时他适时用徒步保留体力。当我超过他时，他会展现出对胜利的执着和专业的意识。

比赛中光是看他跑步，就学到许多。

这次比赛后，我很高兴多了一位叫斯科特·尤雷克的新目标。到目前为止我总共参加斯巴达松六次，拿到两次冠军，但在 2006 年输给斯科特，却是最难忘怀的一次。

马丁·弗莱尔
Martin Fryer

一般来说，运动选手过了 40 岁在体力上会出现明显的衰退，成绩也会随之退步。

但有些竞赛讲求精神层面，例如着重经验值、感觉、技术、毅力等等，在这种竞赛中，老练的选手往往赢过年轻气盛的选手。

如 2012 年伦敦奥运马术日本代表队选手法华津宽选手，他当年是 71 岁；2004 年雅典奥运夺得射箭银牌的山本博选手，当年 41 岁。他们在日本国内被称作"中年人之星"，轰动一时。

比起速度，超马需要持久力和毅力。这和前面提到的竞赛一样，需要累积年龄与技能才会熟练，年长选手也会比年轻选手有优势。

2007 年我进入 40 岁时，就开始多赢少输。

2007 年 2 月在芬兰举行的 12 小时赛夺冠后，直到 2008 年 12 月东吴国际超马赛，我连续在 9 场比赛中获胜。其中 2007 年和 2008 年的 24 小时世界锦标赛是水平很高的比赛，当时的我可以说是所向无敌。

我在 30 岁时，做梦也不会想到超过 40 岁还能受到胜利女神的青睐。由此我再次体会到马拉松是有努力就一定能得到回报的一项运动。

在连战连胜两年后，我选定的下一个比赛，是 2009 年 5 月在法国举行的"叙热尔 48 小时徒步"超马赛。那两周同时还有 24 小时世界锦标赛。我烦恼着到底要参加哪一个比赛，最后我选择了 48 小时赛。

我烦恼的原因在于，两场比赛我都是卫冕者。所以要参加哪一边，已经不只是我自己的事而已，甚至可以说，那时全世界的超马选手都在关注我的决定。

最后之所以选择"叙热尔"，是因为我喜欢这大赛温馨的气氛，以及在这个比赛中感受到的成就感。

当然我的目标只有一个，就是拿第一。

比赛一开始我以时速 11 公里左右的配速前进，一边观察自己的身体状况，一边淡定前进。

被看好夺冠的爱尔兰选手托尼·曼根（Tony Mangan）以及日本选手大泷雅之，也都维持慢速度，唯有澳洲的马丁·弗莱尔选手以"很特别"的方式前进。

他一开始一度在走路，我以为他是脚痛或是身体哪里不舒服。

但是转眼间，他突然跑了起来，一口气超过好几位选手，快速绕了几圈之后，他又开始走路，就这样反复进行。

原来走一段、跑一段这样的间歇跑，正是他独特的跑步方法。

比赛前半程，也就是第 24 小时结束时，我跑了 249 公里，暂时领先。马丁则以 224 公里排第三位。但他保持一贯跑风，非常有气势。此时他和我之间虽然有 25 公里的差距，但我内心其实想着"糟了"。也许是连霸的决心在作祟，我那时已经开始迷失自我。

被马丁拉近距离之后，我试图不让他追上，但可能前半程跑太快了，我在第 32 小时开始跑不动，被迫休息 3 个小时。就在休息的时间内，我被马丁追过。

在我休息时，马丁保持他的跑法前进。等我回到场地后，和他的距离竟然被拉开到 30 公里之多。

让我很惊讶的另一件事是，他竟然没有带专属补给员，基本上补给水分和食物都由他自己全包（偶尔看到隔壁补给区的人员过去帮他的忙）。

在这之前，我不曾听过马丁这位选手，此时我恍然大悟，知道他不是简单人物。

毕竟我是冠军卫冕者，不能毫无抵抗地认输。48 小时这么长的时间里，每个选手都会有撞墙期，不到最后是分不出胜负的。如同我会失速一般，我确信马丁一定也会遇到撞墙期。我告诉自己不到比赛最后不能放弃。

但是马丁非常顽强，他的速度始终没有变慢。**走路时用的肌肉和跑步时用的肌肉是不一样的，他借着轮流使用这些肌肉，让身体负担减到最低。**看得出来，他在拟定战略时似乎有意识地在 48 小时内做配速。这种压倒性的表现，带给我的冲击比和库罗斯交手的时候还大。

然而在比赛最后一小时，我见识到了真正"恐怖"的东西！

虽说大势已定，但他还是有可能刷新历年第二的纪录（433.384公里）。此时他一改间歇跑，转为全力冲刺。大家看得目瞪口呆，很难相信他已跑了超过 420 公里，还可以用这么快的速度冲刺。

最后他的成绩达到 433.686 公里，这是继库罗斯之后历年第二的纪录。

在比赛最后一小时内，马丁跑了 11.16 公里，这是 48 小时内跑得最快的时段。

当时马丁 47 岁，比我大 5 岁。我从他身上得到印证：**超马和年龄无关，毅力才是最重要的因素。**

这时候我的心情一点也不沮丧，反而正面地想："我还有 5 年的时间，我要用运动员的身份继续追求纪录！"

和马丁再度碰头是在 2010 年的东吴国际超马赛，他在开幕式中模仿袋鼠的模样炒热了会场气氛，真是个平易近人的好家伙！

不只将他当作赶超目标，我还要多学习他的为人态度。

奥斯瓦尔多·洛佩斯
Oswaldo Lopez

参加恶水超马赛一直是我的梦想。

这个比赛每年固定在美国加州的死亡谷公园举办。比赛过程中，最高温度会飙到 50℃左右。起跑点低于海平面 84 米，全长 135 英里（约 217 公里），终点则设在惠特尼山（Whitney，美国最高峰）的半山腰 2530 米处，途中会经过沙漠。一个人看着前方辽阔的景象，跑在艳阳高照的笔直道路上，这场景我从开始跑超马时就梦寐以求。

除了要有体力，资金的问题也要克服才行。"恶水"的报名费接近 10 万日元，再加上机票、租车费、饭店住宿、补给费等等，保守估计也要花 70 万到 80 万日元。

但时间是不会等待你的。以实力来说，我有自信在当时可以跑完"恶水"；但是十年二十年后，我可就没办法保证还能完赛了。为了实现梦想，不能悠悠哉哉地说："等我钱存够了再去吧。"

太太也鼓励我："不要留下遗憾。"

甚至也有朋友对我说："关家先生要去的话，我自掏腰包去当你的补给员！"

就这样在亲友的帮助下，跑了 19 年的我，终于决定参加 2011

年恶水超马赛。

我想这是我第一次，也是最后一次参加这比赛。

不管名次如何，我希望把自己投到大自然的怀抱里，去接受、享受一切。

我也希望开车陪我的4位补给员也可以乐在其中，我抱着一股责任感，决定不让补给员担心太多事情。

比赛就如先前预测的，气温飙高到50℃。灼热的艳阳照射下，每隔1英里（约1.6公里）我就请补给员递水给我，并浇水在我身上。

虽然是相当严苛的环境，但这是我梦寐以求的赛事。忍着痛苦，我享受着跑道上的风景变化。

不管身处多么严苛的环境，"不去否定事情""尽我可能去做"，是长年跑超马学到的宝贵经验。我44岁才来参加"恶水"，而不是年轻时就来到这里，我确信这对我来说是一件很幸运的事。

照着配速慢慢前进。过了67公里处正要开始爬长达30公里的陡坡时，跑在我前面的选手一个接一个失速，在70公里处，我意外地暂时领先。爬坡本来就是我所擅长的，因此一路保持领先，爬到山顶时，我和其他选手的距离也越拉越大。在116公里的补给站，比起第二名选手，我的优势已拉大到40分钟，我和补给员都认定，我应该可以拿到冠军了。

从这时开始进入夜晚，意想不到的事情正在等着我。从110公里处要朝第二座山顶前进，原本顺畅地跑着长达30公里的上坡，但从这里开始气温骤降。

补给员穿上厚衣物，而我由于跑得很舒服不觉得冷，到了补给站也和白天一样只补充冷饮。也许因此让肚子着凉，我变得想拉肚子，无法使力。

越过第二座山顶，进入一段很长的下坡。这时我进入了痛苦的时段，有时只能以徒步方式前进。我开始在意后面选手的状况，但大会规定补给员的车不可以往后开，我无从确认其他选手赛况，心中焦躁不已，死命往前跑，一直担心被"看不见的对手"追上。

本来我是不在乎名次的，但都跑到这种地步了，我积极地想去争取胜利并和补给员一起分享胜利，有这种想法也是人之常情吧。

但是那一刻终于到来。第18个小时，过了170公里处，我眼前突然浮现后面来车车灯照射下的选手影子，这影子慢慢变大、逼近我。他用小步伐追上我之后，暂时跑在我身边观察了一会儿，才超过我扬长而去。

我试着想要跟上他，但速度完全无法与之相比。我眼看着他的身影越来越小，转了弯，10分钟后我再次回到直线道路时，已经完全看不到他的身影了。

最后我和他的差距被拉到了1小时以上，拿到第二名。我彻底地输给了他。

当然觉得可惜，但是能跑完梦寐以求的比赛，并在预计的25小时内跑完，其实我已经心满意足了。

第一名的奥斯瓦尔多·洛佩斯选手是墨西哥人，目前住在加州，算是当地人。这次参赛前两年，他都拿到第二名，所以这一年卷土重来，势在必得。他把比赛后半程当作是胜负的关键，在前半段保留了体力，一直等到重要时刻才爆发出力量。我很佩服他的比赛策略，他似乎对"恶水"赛了如指掌。

《孙子兵法》说："知己知彼，百战不殆；不知彼而知己，一胜一负；不知彼，不知己，每战必殆。"如果用这段话对照比赛来思考，像我这样只对比赛抱持着憧憬是不够的，还是得要努力收集情报才对。特别是最后的20公里原本是我擅长的爬坡，本来还期待能不能在这里来个逆转，但事实上，这个路段的地形比我想象的还要陡峭，我完全只能举白旗，徒步前进，反而让对手借机拉开了和我的距离……这真的是我的疏忽，我得好好反省才行。

有机会的话，很想再参加一次"恶水"，但顾虑到预算问题，这也许是最后一次参赛吧。

我想洛佩斯今后还会继续参加"恶水"，我祝福他有更好的表现。

塞尔吉·阿尔博纳
Serge Arbona

　　如果有人问我："最喜欢的电影是哪一部？"我一定会毫不犹豫地回答："《洛奇》第四部。"

　　这是在 1980 年代后期，我高中毕业刚进入社会时上映的电影。

　　电影描述一位已过巅峰期的拳击手洛奇，为了替在比赛中不幸被打死的挚友复仇，冷战期间赴寒冷的苏联去挑战对手的故事。名叫德拉戈的苏联对手，不但年轻，而且身材魁梧、性格冷酷。在场上无情地重击洛奇，洛奇不断被击倒在地，但还是爬起来继续迎击。

　　年轻的我心想，进入社会后想必会遭遇许多辛苦的事，但看完这部电影，我燃起勇气和希望，期许自己也能和洛奇一样不气馁，勇敢去面对困境。

　　这也是我唯一在电影院看了两次的电影，后来又看了好几次影碟。当我遇到挫折时，必定翻出它来重看。我原本对拳击和洛奇扮演者史泰龙不抱任何兴趣，没看过前三部洛奇电影，但我还是认为第四部是不朽的名片。

　　洛奇的舞台，在美国东部费城。

　　刚好有一位跑友在当地大学进行医疗研究的进修，有一天他突然问我："要不要参加这里的 24 小时赛？"

《洛奇 IV》其中一幕著名场景，就是洛奇在费城美术馆的大门阶梯做训练，而朋友说的比赛，就是要绕这个美术馆一周总长 13 公里的跑道跑。对于这个比赛的特色，我产生很大的兴趣。

2011 年的恶水超马赛隔周，就是费城 24 小时独行侠超马赛比赛日。我抱着玩乐的心态报名参加。

果真（理所当然？），在"恶水"累积的疲劳让我跑了 100 公里就跑不动了，后来就在一旁帮朋友加油打气。

本来就预期会有这种结果，我并不觉得遗憾，但心里想着趁朋友还在这里留学，做足准备再好好挑战一次这个赛事。

2012 年，朋友说是他最后一年待在美国，我毫不犹豫决定参赛。这次不是以观光为目的，而是要跑完 24 小时。

2012 年已经是这比赛的第五届了。前 4 届都是由住在当地同时也是美国国家代表的塞尔吉·阿尔博纳称王。我的目的就是要阻止他连霸，我的心情就和在电影中杀入敌境俄罗斯，挑战德拉戈的洛奇一样。

早上 10 点，比赛在费城美术馆附近的步道开始。

7 月中旬的费城湿度高，气候闷热，起跑后没多久就下起雨来，但这并不影响跑步，跑起来反倒舒服，可以说是不错的开始。

我没有专属补给员，原本想靠自己在跑道旁的 6 个补给区做补给，后来还是拜托了一位女性朋友在特别补给区帮我递补给物。

她本来是其他选手的补给员，但赛道一圈有 13 公里，她觉得再多帮一个人也没问题。真感谢她的热心。

我戴着手表比赛，能掌握自己的配速，但是完全不知道名次，和其他选手的差距以及比赛的动向等等，也完全不知情。过了第八个小时，跑了超过 100 公里，此时天色逐渐暗了下来。

到这个时候我才搞清楚原来我暂时领先。咦？！那塞尔吉跑到哪儿了？我完全摸不清楚他当时的状况。因为从起跑至今，完全没看到他的身影。

听说每隔一小时，在起跑点附近会张贴暂定的成绩和名次。但是张贴处距离跑道有一段距离，没办法靠过去看。帮助我的女性朋友一直鼓舞我喊着："You are top! "我安心地想着，只要保持配速，达成目标距离的话，一定就会有好名次。虽然当时无法了解赛况，但塞尔吉的事并不会影响我的心情。

当时我定下的目标，是破大会纪录236.171公里，并提升到240公里。如果能跑到这个距离的话，我预估赢塞尔吉大概没问题。但是到目前为止完全不知道对手的动向，只能客观地关注自己的身体，这种感觉很不可思议，仿佛在跑一个练习赛，而不是比赛。

比赛开始没多久后就下着的雨停了。白天天气炎热，但到晚上气温仍迟迟不降，汗流浃背的我，非常不舒服。

我只能多补充水分应对，同时也看到几位选手由于身体不适被迫弃赛。

我的配速本来就设定得比平常慢，勉强可以忍耐度过高温。比赛剩下不到6小时，充当我的补给员的女性朋友告诉我一个情报：

"塞尔吉暂时离开跑道了。"

我很震惊，她接着又笑着说："我看到他在跑道旁边一直吐，肯定错不了！"她的眼神似乎已经确定了我的胜利。

这似乎是个值得信任的情报。但我一次都没看过他的身影，还是半信半疑地继续前进着。

后来在绕圈时，我突然在前方看到一位很像塞尔吉的选手。时间刚好是黎明破晓前，天空还很昏暗。我一心只想赶快去追上他。

前方他的身影越来越大，但我不清楚他到底是不是塞尔吉。

虽然在赛前曾和他握过手，但完全不知他跑步的样子或穿什么衣服参赛。当我逼近他到只剩50米时，他突然转进设置于跑道旁的厕所。

最后我还是没办法确定他是不是塞尔吉，但我猜想是，并且断定他的身体状况可能还是不理想。

总之，这时候我和他的距离刚好是一圈（13公里）。我松了一口气，心想也许可以保持领先到最后。

再次经过起跑点附近时，我对帮我补给的女性朋友说："我刚才追过疑似塞尔吉的选手。"她也鼓舞我："你肯定可以夺冠的啦！再来就看可不可以刷新大会纪录呢！"

时间只剩下不到5个小时。我确信，就算维持慢跑速度应该也可以刷新纪录。于是我决定不逞强，边跑边走，享受剩下的时间。

但可能也因此打乱了节奏，这下换我的身体不太舒服很想吐了，根本没有余力去享受比赛，但也不需要坐着休息，总之就是慢慢前进。

再次绕回起跑点时，当地选手跑到我身旁充当配速员。此时太阳也完全升起，我天真地想："终于可以开始倒数计时了吧。"没想到此刻，塞尔吉突然迅雷不及掩耳地从我身后冲出来，超越我而去。

我和他还有一圈的距离，所以并没有特别表现出着急。但是跟在我身旁的年轻配速员比着他的背影对我说："He is the first."

"咦？！"我瞬间叫了出来。真是晴天霹雳！

一开始我以为他搞错了，或者说是希望他搞错。但是当其他选手也相继鼓励我"你还有机会，加油"时，我才把他的情报当真。那么，我清晨看到的"疑似塞尔吉的选手"，那是个幻影？

名次的变动狠狠打击了我的斗志，让我没办法跑下去，不舒服到像是脱水后连水都没办法喝的感觉。配速员本来要帮我拉速度，但我就算想跑也无法前进，心中对他很过意不去。走九步跑一步，勉强以这样的速度前进，更不用说要追上塞尔吉，我心里开始焦躁担心，会不会连第二名都保不住了（事实上，这时我相对于第三名选手还有一圈以上的距离优势）。

这比赛规定一定要通过最近的补给站，才会把到那里的距离算进去。我在比赛结束前 10 分钟抵达补给站（237.7 公里），虽然离目标差了一点，但也更新了大会纪录，我决定就此停止比赛。

然而塞尔吉却以 249 公里的成绩大幅更新大会纪录，并达成五连霸。

比赛后我被抬到医务室，没办法参加颁奖典礼，也没有再见到塞尔吉的机会了。但他托了朋友留言给我。

留言说，他一知道我要参加这比赛时，便想："要跑 250 公里才能赢得过关家，就把目标锁定在这里。"

我在比赛前的态度是"跑到 240 公里的话应该可以获胜"，塞尔吉想的却是"要跑 250 公里才能赢"……由此可知，**早在比赛前我们就已经分出了胜负**。

我还听朋友说："他在比赛中尽管吐了六七次，还是勉强跑步。"可见帮我补给的女性朋友看到"塞尔吉离开跑道"并不是假象。但他很快就回到跑道，继续比赛。

在洛奇的出生地，我不但没能当成英雄，反而被 KO。

但如果把人生比喻成是一场拳击赛的话，我想我应该只是刚过中场休息时间而已吧。

通过这次经验积累，我决定要再站起来。尽管会再次跌倒，再被打爆，但我一定还是会站起来摆出迎战的态度。我相信这种永不放弃的精神才是"超马道"。

迎战的目的不是打倒对方，而是要让自己发亮，为自己的成长而战。

洛奇的铜像伫立在费城美术馆旁。他高举双臂，散发出胜者的风范。

第 4 章

客观的看法和自我负责

从他者立场看自己的成长

我很幸运地，有机会参加签名会、握手会和艺人座谈会等各种活动，并通过这些活动和许多人交流。

我对其中一场座谈会（兼签名会），至今留有深刻的印象。

当天的会场在中国台北某家书店里。前往会场的路上，出版社工作人员突然在车上跟我说："关家先生，为了炒热座谈会的气氛，不知道是否能请你在活动中弹个吉他哼个歌呢？"

一开始我一头雾水，后来负责人笑着跟我说："你不是曾开玩笑说'在签名会让我高歌一首'吗？"

我一想，的确有说过这样的话，但那时我喝了点酒，其实是在开玩笑啊。虽说过去曾和朋友一边喝酒一边弹吉他，但根本谈不上会演奏，更何况这5年来我完全没碰过吉他！

我原本以为出版社的人只是开玩笑吓我，但看起来又似乎是真的。

我突然生出好奇："在这种情况下，我的表现会如何？"如果拜托我演奏一个从来都没演奏过的乐器，例如钢琴或是小提琴，我肯定会拒绝。但是吉他的话，我心里浮现了"搞不好可以试试看"的想法。

而且工作人员会这样拜托，我想他一定是相当信赖我，想着：

"如果是关家的话，一定能带给大家惊喜吧！"

为了回报他的这片好意，我决定往好处想这件事情。

当我抵达书店时，首先冲到放着音乐书的书架找了日文歌的吉他教科书。翻了几本，我尽量选当地人也知道的曲子，最后我选了长渊刚的《红蜻蜓》。

在同时期举办的超马赛的终点，我刚好听过翻唱成中文的《红蜻蜓》，所以我想大家都对这首歌耳熟能详吧。

于是赶快把歌谱简单抄到笔记本上，准备就绪！

说实话，当时我没时间练习就决定直接上场演奏，现在回想起来真的是够大胆。要在众人面前表演，好歹要练一下才好……但是，反正大家也不是为了听我唱歌才来现场的啊。

与其皱起眉头深情地演奏，我想大家可能会比较喜欢弹得有点烂但唱得很欢乐的我吧。也不知道哪里来的自信，反正我就把自己当作旁观者，尽量接近观众的想法，放轻松。

座谈会开始，和主持人小姐聊得正热络的时候，突然舞台旁边一把吉他被递了上来。

睽违 5 年的吉他的触感……试着弹了一下，发现音完全走调。

但我不紧张，反而想着"算了！豁出去了"，看着刚刚抄的歌谱，放手演奏了起来，中途弹错了好几个地方，这演奏真是很凄惨，但被我用大声唱出的美妙歌声含糊盖过。表演结束，在众人的鼓掌下，活动气氛更加热络。

也许就是跑超马累积的经验，让我在突发状况下处变不惊。

遇到突发状况，是要抱着"怎么可能做得到"的心态全盘否定，当作没看到而逃避；还是要抱着"竟敢跟我下这种挑战啊"的心态，冷冷一笑，从容去想下一步要怎么走。两种心态带来的行动结果会有很大的差别。

人生是各种意外、困难的连续。

以我的经验，遇到困难时不要慌张，不要一直想着"该怎么办"，而是以他者的立场客观地去想"看他要怎么处理"，如此事情可能会比较容易解决。

我现在正坐在写了"关家良一"名牌的特等席上，"观赏"着自己的言行举止。

今后我也希望可以从客观的角度去享受自己的成长过程。

附带一提，在活动里唱的《红蜻蜓》其实是一首鼓舞自己的励志歌曲。看到主持人小姐这么漂亮，真是后悔没有选一首情歌来唱。

如果还有机会再表演，我想我会选择多练一会儿吉他吧……

接力赛与个人赛

超马是个人竞赛，成绩是好是坏，都要自己负责。但在接力赛中大家都会以"为了团队"的名义参赛。

虽然都一样是"跑步"，但在接力赛中，就算自己表现不错，若其他队友状况不佳，整体名次便会受影响。换句话说，说不定哪一天会因为自己表现不佳而连累队友。

对于很在意排名的人来说，接力赛可能比一个人跑步还来得辛苦吧。

"客观地看待事情"，就是"以他者角度看待自己"。但我们很容易把队友的事当成是自己的事去过度反应。就算队友的表现让团体名次落后，我们也要学着不生气，客观地看待事情才行。

对于不在意名次又重视队友的团结，放松享受一切的人来说，接力赛是非常愉快的一项运动。

在日本的比赛中，靠许多人一起完成的"24小时接力马拉松"，可能会比一个人完成的"24小时赛"更受欢迎。

接力赛通常是在一圈1至2公里的场地里举行，持续24小时跑步是比赛的规则。没有规定每位跑者要跑多少距离，可以跑多或是跑少；也没有规定跑者顺序。总之，最后输赢取决于你的队伍在24小时内总共绕了多少圈。

一个团队的人数限制是"最多 15 人"。所以可以 6 个人组队、10 个人组队……其他就没有什么复杂的规定了。

与其说是比赛，不如说是运动会更贴切一些，玩乐性质较重嘛。

我和朋友参加过几次接力赛，都是以玩乐为主。我们规定跑 1 小时就换人，于是没有跑步时，大家就在旁边烤肉喝酒，或是在树荫下睡午觉，真的是非常随性。

如果有 6 个队友，跑完 1 小时就可以休息 5 小时，平均下来 24 小时内一个人只要跑 4 个小时就可以。

但毕竟每个人实力不同，所以有人跑 8 小时，有人只跑 2 小时，甚至也有跑者因为有其他重要的事，连续跑 3 小时后就回家。

比赛十分有弹性，团队成员都会彼此体谅，因此能培养感情。而且不管比赛名次如何，每个人都可以照自己的速度练习跑步。我完全可以理解这种比赛为何会越来越受欢迎。

我曾经看过几个大学田径队报名参赛，他们把这当作练习的一环。厉害的队伍在 24 小时内可以跑到将近 400 公里。我的队伍每次成绩大概都在 250 公里。能一边跑一边感受田径队的速度也蛮有趣的。

接力赛通常也设有"个人赛"的名额。在热闹的团体赛旁边，常常可以看到独自一人默默在跑步的选手。

毕竟是以接力赛为重点的比赛，参加个人赛的跑者并不多，他们也许会觉得很孤单吧。

我也参加过这种个人赛。跑步中我听到场内广播："要吃饭的选手请在 × 点 × 分之前到 × × 领取。"当时十分吃惊：每个人饿的时间都不一样，这样强迫人排队领餐，挺麻烦的不是吗？但身为参赛者，也只能入乡随俗。被我当作练习在跑的那场个人赛，跑到 100 公里就弃赛了。

很期待有朝一日 24 小时赛个人组的参赛者也可以像接力赛这么多，但等别人来举办也不是办法，今后我也想学习组织这样的活动。

当个好选手？不如当个好教练

只要有机会，我都会强调客观看待自己的重要性。接下来谈谈客观地看待自己之后，产生的结果和责任。

要站在他者角度客观看待自己的言行举止，我们往往需要智慧。要用智慧去冷静地判断和行动，但不一定每次都能如自己所愿。

万一比赛结果不佳，如果选手态度还不好，还不去好好反省检讨，不但会失去周遭人们的信赖，恐怕在将来的比赛中还会重蹈覆辙。

每项运动都一样，一个好的教练必须要具备"胜利的时候夸奖选手，输的时候一手扛起所有责任"的度量才行。

在足球或是排球的比赛场地旁边，我们常常可以看到双手抱在胸前观战的教练。如果教练在赛后采访中，把输球的原因都推到选手身上，选手一定会想："我不想在这位教练的指导下参加比赛了。"观众会觉得很没意思，赞助商也会很无奈，教练有可能因此被开除。

调度选手是教练的工作，就算选手真的有过失，我认为教练也绝对不可以将责任推给选手。

如果在我们的身体里，同时存在着"教练"和"选手"，会是什么状态？

我想以我在一场全马比赛中遇到的事为例。

开跑后大约在 8 公里处，不知道为什么从前方来了一位逆向奔跑的选手。

他的表情看起来快哭出来了。我向他打气："加油！不要放弃啊！"

他用颤抖的声音大喊："这是什么烂脚啊！"

那一瞬间，周遭的选手都很惊讶，纷纷看向他，他倒也毫不在乎大家的眼光，垂头丧气地走回起跑线。

跑在我身旁的一位男选手小声地说："干嘛怪自己的脚啊。"我的想法和他一样。

弃赛的这位选手恐怕是在比赛前脚就有伤，抱着孤注一掷的态度参赛，开跑后才发现自己没办法负荷伤痛，焦躁的情绪让他破口大骂。

但是话说回来，脚受伤还要参赛是他自己的决定，责任在他自己。拿脚出气，其实很没道理。

身体的各个部位只有通过疼痛，才能表达身体的不舒服。

如果不去倾听身体发出的哀号，只会拿鞭子抽打它，我想很快身体就会不听你的使唤。

虽然身体代表的是我们自己，但我们时常失去理智，忽略身体的状态。

马拉松虽说是个人运动，但如果**把头脑当作教练，把双脚当作选手，把身体当作一个团队，便能冷静地重新看待身体各部分的角色分配。**

我们常说在运动比赛中要当个"好选手"，但在那之前，我想先当个可以让自己的身体充分发挥实力的"好教练"。

富士山登山赛

相信大家都知道，日本最高的山是海拔 3776 米的富士山。

富士山在 2013 年 6 月列入世界文化遗产名录之后，更受世界瞩目了。它一直是象征着日本的山，深受国内外观光客喜爱。

在富士山，每年 7 月会固定举办一场比赛，就是所谓的"富士山登山赛"。

这比赛从海拔标高 770 米的富士吉田市市政府起跑，一口气要跑到海拔 3000 多米的高处，总距离长约 21 公里。

富士山登山比赛从 1948 年开始举行，已经有超过一甲子的历史了。还没参加过的我，一直很想参加看看。

有一年我以旁观者身份，去现场帮朋友助阵。

我开车到五合目（标高 2305 米）后，徒步上山，一路帮选手加油（比赛中并没有进行游客管制，沿途有不少登山客）。

在登山步道还没走多久，就看到暂居第一名的选手从我身旁呼啸而过。

在他后面，陆陆续续有许多选手穿着轻便的短袖短裤通过，竞争似乎颇为激烈。

每位选手跑过我身旁时，我都会跟他们说："加油！"一位排在第七八名，看似大学生的年轻选手跑到我旁边，晃动着身体对我说：

"可以给我水喝吗？"

事发突然，我没想太多就递上矿泉水给他喝。他喝了两口，毫无表情地丢下"谢了"两个字，把瓶子还给我，转头看了看后面的选手，又继续前进。

看起来这好像是一段佳话。但当我目送着他的背影时，我开始后悔递水给他。

富士山登山赛设有几个补给站提供水，当然有人也许会觉得不够，如果需要摄取的水分比较多，为了防止脱水可以携带水瓶放在背袋和腰包上。不是只有比赛时才如此，日常在登山时，本来就要有自我负责的观念才行。

事实上有很多选手背着不少装备上山。为了拼纪录只穿轻便衣服上山的选手，中途弃赛的风险势必较高，甚至可能会有生命危险，这就是登山赛无情严苛的地方。

我自己也谈不上带了足够的补给品，所以没道义要替这年轻选手冒生命危险。

而且我帮了一位选手，按道理也要帮其他选手才公平。我记得那次因为发生了这件事，一路上都爬得不太开心（后来也没有其他选手跟我要水）。

爬到山顶时，我又遇到这位选手，但他装作没看到我似的移开眼神，迅速消失在人群里。我再次后悔递水帮他。

没有时间限制的超马赛

全马的规则，是在一定的距离内比速度。大部分的全马比赛都有时间限制。

东京马拉松的限制是 7 小时。日本国内很多比赛规定在 5 小时内要跑完。其中也有比较严格，需要在 4 小时或是 3 小时内跑完的比赛。

时间限制比较严格的比赛，它的参赛资格也会相对严格。报名时需要看你过去的比赛纪录。想要参赛，必须先在其他比赛达到基准成绩。没有把握完赛的跑者，自然会放弃参加这种比赛。

考虑到交通问题和义工的负担、选手安全问题等等，限制比赛时间是很有必要的，我可以理解。

在中途设定几个关卡的通过时间，我也觉得无可厚非。

斯巴达松超马赛全长 246 公里，时间限制 36 小时，但大家都知道，通过途中的关卡才是最严格的考验。

比如说 81 公里处的科林斯（Corinth）关卡，规定必须要在 9 个半小时内通过这里；因此，要抵达这里，需要用比 1 公里 7 分钟还快的配速前进才行。炎热的天气往往让很多选手吃不消而选择弃赛。

如果要保持固定配速去跑 246 公里，1 公里差不多要以不到 9

分钟的速度前进，这样便可以在 36 小时内跑完。前半段关卡的通过时间设定得比较严苛，这也是选手完赛率下降的原因。

但就是因为如此严苛，才有去挑战的价值。这样不管你是完跑还是中途弃赛，都能学到不少东西吧。

过去在日本，曾经有个全长 270 公里，没有时间限制的超马赛。

大会简章里虽然明确写着"时间限制 48 小时"，但同时存在"参赛者每个人都是主办者，请自由判断"的不成文规矩。也就是说，"就算你超过时间，但只要有意愿，你可以继续跑下去"。像这样整体规则不甚清楚，让选手自己去判断的比赛非常罕见。反过来说，要每个人都为自己的一举一动负责，就是它的"严苛"之处吧。

在参赛者超过 200 人的比赛中不设时间限制，可以说是一个大考验。

我在这比赛中担任义工，在终点前 3 公里处引导方向。比赛前半程我刚好没什么事，就在跑道上往返，一路替选手们加油打气，顺便观察比赛。

选手们对时间限制的看法不尽相同。有人立志"绝对要在规定时间内跑完"，也有人想"来不及赶在时间内跑完就弃赛"或是"就算超过时间我也要继续跑下去"……甚至也听到有人说："我的目标是 ×× 公里，在那之后我要搭电车和巴士抵达终点。"

最夸张的是，有人一开始就宣告"我的目标是花 60 小时"，让人不禁担心起工作人员，要怎么才能等他跑完啊……

比赛最终结果，有 105 位选手在 48 小时限制内跑完，同时也有一百多位选手超时跑完。这比赛没有设关卡，选手想在中途睡觉或是走路，甚至在补给站长时间休息都没有关系。只要有意愿跑完，大家都可以完赛。

在比赛之后，针对这种比赛规则，赞成与反对的意见四起。

比赛的时间限制是 48 小时。但就算超时，你也可以继续前进。在这样的规则下，最后"在时间限制内跑完"和"超过时间跑完"的人数差不多各占一半。

这大会没有比排名，有的选手 30 个小时就能跑完，时间限制根本影响不到他；但许多原本加紧速度可以 48 小时完赛的选手，现在因为规则模糊，抱持着"反正超时跑完也都算数"的想法，反而很可能超时。

超时后继续挂着号码牌比赛的那一百多位选手，也许是一种集体心理在作祟："大家都还在跑，所以我也要跑下去。"

而那些"不想给义工添麻烦"，毅然决然在到达时限时弃赛的选手，坐上接送巴士前往终点，一路上看着许多超时跑步的选手，我想他们的心情也很复杂吧。

在超马赛中挑战自己的极限当然是很棒的事，但不要忘记这前提是周遭有人在帮助你。

超马常常可以让选手体会到他人的温暖和美好。如果有人想抛开周遭事物，沉浸在自我挑战的世界里，我建议这种人背着背包自己跑就好了，不用特别参加这种比赛。

"超马道"的精神与成绩无关，全看你站在自己的立场时，要如何行动与表现。

"不给别人添麻烦，努力当个有毅力、对人温柔的人。"我想这就是所谓的"超马道"。

有义工坚持"只要有一位选手还在跑，我就不会停止补给工作"，超过比赛时间，他也尽忠职守默默等待选手的归来。

我担任引导工作的那次比赛，在半夜下起了大雨，包括我在内的 3 位义工就在附近的公司大楼里躲雨，轮流出去等待选手归来。

义工总负责人，事后自掏腰包买了点心送给那个公司的员工，对他们说："谢谢你们借场地让我们躲雨。"

身为选手，不要忘了我们是在很多人的帮助下才能安心跑步。先懂得感恩，再去挑战自我吧！

负责到底的精神

前述 270 公里比赛，在诸多原因之下，办了十届之后就没有再继续。由于是个受欢迎的赛事，许多人都表达了惋惜之意。

我曾经以选手身份参加两次，以义工身份参加 4 次，也觉得停办非常可惜。但在这个活动的最后一年，参赛者增加到近 300 名。比赛标榜"每一位选手都是主办者"，也就是所有事交给选手自己全权负责，我认为，在这样暧昧不清的规则之下运营比赛，有很大的难度。

例如，曾有位跑者快到终点时不小心迷路，花了一个小时还是没办法找到规定路线，最后叫了出租车回到终点。这大会本来就没有排名，也没有严格的规定，还是视他为有完赛，但这位跑者很激动地跑来怒骂："我迷路一个小时，所以我的成绩也该减一小时！"

工作人员当然没有理会他，这真是个不成熟的行为。

这赛事也没有设太多补给站，所以大会规定："请自行携带沿途需要的物品（食物、换洗衣物、照明器材等）。"

但有一年竟然有选手只穿路跑衣裤就来参赛。比赛前半程，想当然以轻快脚步领先；但到了晚上，气温降低，山路变得寒冷，这位选手转而紧跟着从后面追上来的选手，靠别人照亮道路，甚至还跟别人借外套。帮助他的选手没想那么多，出于善意帮他到底。

这不是什么值得赞扬的事，这位选手自己不带任何装备，抱着"到时候总有办法"的心态参赛，这种给周遭的人增添麻烦的举止实在令人不敢恭维。

这样以自我为中心的跑者只要再多几位，主办单位在运作上就会遇到许多困难，最后比赛停办也是无可奈何。

虽然大规模的赛事停办了，但只要能聚集几位有"每个人都是主办者"意识的跑者，再举办类似的活动倒也不难。我所属的跑步俱乐部"巨人军团"，就在会长齐藤安广先生的号召之下，以相同路线举办了小规模的活动（时间限制在 48 小时内）。

我是俱乐部成员，受邀担任工作人员时义不容辞地爽快答应。当天大约有 20 名选手参赛。我们分乘几辆车，穿梭于选手之间，边做补给，边和选手们一同向终点迈进。

虽然参赛选手中没有实力特别强的人，但赛程长达 270 公里，选手的实力和当天体能状况的差异，会让选手们的前后距离拉得很开。当天一切顺利，第一名选手以 40 个小时多一点的时间跑到终点。后面的跑者和他还有一段差距，我作为工作人员先在终点附近的住宿处补眠。

躺下闭上眼睛没过多久，手机就响了。是一位参赛者打来的。

参赛者说这几个小时由于状况不好，恐怕无法在规定时间内跑完，想要弃赛。

我确认他的位置后发现，以剩下的时间推算，他要跑回终点其实绰绰有余。这位选手的意思是希望我们开车去接他，但我故意对他说："我知道了。但请你自己想办法，搭出租车或是坐巴士都好，请自己回到终点来吧。"如果对方身体状况危急，身为工作人员必须要机敏地行动才行，但从电话中我似乎感觉不出紧急性，所以故意对他冷淡了一些。

5个小时后，天空放晴的早晨来临，离规定时间剩下不到一小时，那位选手充满活力地朝终点而来。他张开双手，满面笑容地冲破终点彩带，然后走到我身边。

"昨天晚上身体状况不好，脑袋一时变得很混乱。不好意思打那么失礼的电话给你。在那一通电话之后，我突然醒了过来，走了一会儿之后状况就恢复了。还好那时候你没有来接我。真的是谢谢你！"

我真的没有做什么特别的事，他这样谢我反而让我很不好意思。

超马，它的过程又长又艰辛，相信所有参赛者都清楚这一点。不管沦落到何种状况，责任归属还是在自己。**如果有那么一份自我负责到底的精神，我想不管身处何种境地，自然都能找到答案。**

看到参赛者努力跑步的身影，工作人员内心肯定都会涌现"好想帮他"的想法，但如果参赛者一开始就心存依赖，我想是本末倒置。这次我选择严以待人，以结果来看，这样到底是好是坏？

大会结束之后，我们并肩而坐，为选手们的努力和大会的圆满落幕，一起举杯庆祝。

超马真的很深奥，这次站在工作人员的立场，我学到了许多。

舍弃坚持，走出自己的路

遗忘的能力

比赛结束一段时间之后，肌肉酸痛和水疱会慢慢消失，内脏的负担也会慢慢减轻。只要没有受到很大的伤害，身体状态就会恢复到和比赛前一样。

这种时候，不管比赛结果是好是坏，常常会自我反省："比赛时，怎么没有多努力一点啊？"

成绩不如预期，这样想当然可以理解；但就算有好成绩，也常会贪心地想："那时再努力一点的话，可以有更好的成绩呢！"

扪心自问，在比赛时，你真的偷懒过吗？我想答案绝对是：没有。

比赛时咬紧牙关努力奋战的自己，和边吃美食边回味比赛的自己，对事情的看法会不同。

随着时间流逝，为什么人们会忘记曾经带来痛苦的事呢？

这说不定是人类"天生具备的优点"。

适度遗忘不开心的事，我们才能积极面对未来。

如果难过、痛苦的事一直在脑中徘徊，我们的防卫本能会被启动，导致对任何事情都态度消极，不敢前进。

超马赛往往伴随许多痛苦的回忆，如果不会遗忘，应该没有人想挑战第二次，渐渐地就没有人再参加超马赛了……

到目前为止的比赛经验中，我身体负担较大的是 2008 年参加的法国叙热尔 48 小时赛。

在那之前我挑战过两次 48 小时赛，都因身体不适中途退赛，两次成绩都不是很理想（2003 年 222.5 公里，2005 年 265.399 公里）。

在背水一战的 2008 年比赛中，48 小时内我顶多小睡了 30 分钟，再痛苦我也尽量以步行前进，最后以 401.416 公里拿到冠军。不考虑比赛时间，这应该是我跑过的距离最长的一次比赛。

比赛结束后，我没办法再靠自己的力量走路。颁奖典礼上需要大汉把我抱上去。回程路上也必须搭着一直帮助我的妻子的肩膀，才能顺利回国。

这真的是一场辛苦的比赛。第三次挑战 48 小时赛，我终于有了令人满意的表现，也超越了 400 公里的大关卡。在有传统有历史的叙热尔夺冠，代价就是身体不听使唤的激烈酸痛。

顾虑到对身体造成的负担，再加上已获得的满足感，我下定决心，暂时不跑 48 小时赛，并对周遭朋友宣言："至少不会参加明年的叙热尔。"

比赛一周后肌肉酸痛消退了，过了一个月、半年，直到来年的叙热尔 48 小时赛开放报名时，我已忘了当初的痛苦，想着"很后悔在 2008 年比赛的后半程没有跑好，我想再挑战一次"，毫不犹豫地再度报名。

2009 年比赛当天，起跑 4 小时后，我边跑边回想一年前的事。

"奇怪？！去年不是说了不跑今年的比赛吗？为什么我现在会在这里？"突然惊醒，才发现自己又身处这么严苛的比赛，顿时有一种"真是受不了自己"的感觉。

像我这样天真的人或许少见，但我个人认为这种遗忘能力是人与生俱来的能力之一。

想要以积极态度面对事情时，"遗忘的能力"很有效果。但反过来，**得意忘形、无视过去的经验，又会让人无法获得可贵的教训。**

例如，很久没参加比赛时，你会因为忘了过去痛苦的经验，而积极设定目标去挑战。

积极当然是好事，但有些事一旦被小看，你就会尝到苦果。比如，在比赛里遇到撞墙期，你就会悲观地想："怎么这次比上次还痛苦？是我的状态不好吗？"

也许这次和上次的痛苦程度其实差不多，但由于你没有预先做好思想准备，所以会觉得格外痛苦。

最近几年，我一定会在比赛前回想过去那些很痛苦的比赛经验，并反复提醒自己："超马绝对不轻松喔！"启动自我警戒的功能。有了这种准备，在比赛中即使遇到撞墙期，也知道要如何冷静应对。

遇到痛苦的撞墙期，思考自己如何忍耐、克服并渡过这个难关。超马有趣之处不就在这里吗？

如果超马是一个从起跑到终点可以舒服完跑的竞赛，我想我不会一直去挑战它，甚至可能早就放弃跑步了吧。

"遗忘的能力"和预先防备的"预备能力"——我们天生具备的这两个能力，看似有点矛盾——我今后仍会好好去分别善用它们。

不被他人的评价影响

我总共跑过 5 次 48 小时赛。

第一场是 2003 年 12 月 30 日在美国参加的"跨年"（Across The Years）超马赛。而 2003 年 5 月法国的叙热尔超马赛，才是我原本预计参加的第一场 48 小时赛。

48 小时赛的男女世界纪录都是在叙热尔产生的。这个比赛的特色之一，就是会补助选手的交通费，并依成绩给予奖金。

听参赛过的选手说，叙热尔比赛的气氛非常棒，如果还有机会，他很想再次参加。他的说法让我非常心动。

报名从参赛前一年的秋天开始。要直接传真数据给主办单位，在报名数据中必须填写过去的成绩，并且推销自己。

如果已经是世界上公认的顶尖选手，那么不需要自荐，自然会收到大会的邀请。当年我在国际超马界还只是"刚出道"，且没有 48 小时赛的成绩，所以我必须要在报名表里好好推荐自己，得到他们的认同才行。

每年主办单位会从世界各地选拔出 25 名杰出选手发出邀请。我心里暗自盘算，虽然自己没有 48 小时赛成绩，但应该会被邀请吧。

2002 年 3 月，我在东吴国际超马赛以 266.275 公里成绩创下当时的亚洲纪录，加上同年 9 月在希腊斯巴达松赛第一次夺冠，我想我应该会被选上，自信满满地把报名资料传过去。

结果是无情地落选。挑战 48 小时赛的梦想被迫延期。

叙热尔大赛选拔的基准和方法并没有公开，我不知道自己为什么没有被选出。虽然意外，但我把这结果当作是天意，上天一定是要我"再多累积成绩"的意思。我积极改变想法，说服自己再多加油，有一天一定会收到邀请的。

上天很快给了我出场机会。

2003 年 10 月在荷兰参加 24 小时世界锦标赛，我在激烈的竞赛下得到银牌，把自己保持的亚洲纪录又更新到 267.223 公里。虽然不是金牌，但我对这成绩问心无愧。

赛后回国，很快接到了来自叙热尔的传真，向我道贺，并邀请我参加 2004 年的大赛。

但因为在 2004 年比赛的同一个时期，我预计要参加 24 小时世界锦标赛，所以婉拒了叙热尔（后来 24 小时世界锦标赛突然停办）。

这些经验让我学到"**不被他人的评价影响，一步一步地去努力，路自然会为你而开**"。

叙热尔会为选手准备交通费和奖金，对主办方而言，招待选手需要大笔预算，与其邀请一位有气势的新秀，不如优先邀请有许多优秀成绩的老将，这样才符合经济效益吧。

也许有人会抱怨"没人正当地评价我"，但与其垂头丧气，不如自己更加努力去得到别人的认同。

今年不行还有明年，明年不行还有后年，其间你所经历的种种，一定对你往后的人生有帮助。

绕一下路，说不定也会收获人生的重要财产呢。

48 小时赛并不是 24 小时赛的延长

在 2003 年 10 月的 24 小时世界锦标赛摘银后，我如愿接到了叙热尔超马赛 2004 年的参赛邀请，但因故无法参赛。可能也因此，我对 48 小时赛萌生很大的兴趣。

前一篇提到在美国亚利桑那州举行的"跨年"超马赛，是我第一次挑战的 48 小时赛。直到赛前两个月我才知道这个比赛，而且是一位打算参赛的朋友，在开赛前一个月邀请我，我才临时决定参加的。赛前准备时间不足。

当时我年纪轻轻（36 岁），加上没有 48 小时赛参赛经验，不知天高地厚，虽然对 48 小时赛不够了解，但自以为 24 小时赛的经验"应该有办法"让自己适应 48 小时赛。

结果是以 222.5 公里的成绩惨败。在比赛前一天感染诺瓦克病毒，起跑没多久就开始上吐下泻。这一定是我太小看这比赛的后果。

比赛的第二个晚上，我忍着肚子痛躺在休息站里，心里想着"这时间大家都还在场默默地在跑步啊……"并且哭了起来。这绝对是针对如此不争气的自己流下的悔恨眼泪。

仅仅一个月的准备期，没怎么调整体能就直接参赛。事后我反省，如果抱着这样随便的态度参赛，那还不如不要报名！我并不是和邻居朋友一起参加家附近的 10 公里市民马拉松，但我竟然用参加市民马拉松的心态搞砸了我的第一场48小时赛!

第二场48小时赛是2005年的叙热尔大赛,这次我跑了265.399公里,又是一个惨不忍睹的成绩。

跑出这种成绩,如果有人指责我:"你到底从'跨年'的失败中学到了什么?!"也一点都不奇怪。

在叙热尔,我还没跑到第24小时就开始想吐,接下来的12个小时我几乎没办法好好跑下去。

24小时赛我曾破亚洲纪录,也在世界锦标赛夺冠过,成绩不差,但为什么没办法跑好48小时赛?

思考许久,最后得到的结论是:"48小时赛并不是24小时赛的延长,它们是完全不一样的竞赛。"

同样的说法也可以应用在其他竞赛上。就像全马并不是10公里赛的延长,100公里赛也不是全马的延长。

"相似但绝对不同"。虽然一样是在跑步,但每一项竞赛都有它的难处与有趣之处。

100米的世界纪录保持者博尔特,比赛瞬间最高时速会达到每小时44公里。如果用二分之一的速度请博尔特跑全马,不知道会如何?以不到两小时时间跑完42.195公里达成世界纪录?

不用想,就知道是不可能的。

博尔特为了速度,锻炼的肌肉是有爆发力,但没有持久力。也许他顶多只能高速冲刺5公里吧。

也许有人会说:"如果24小时赛和48小时赛都慢慢跑,用到的肌肉不是都一样吗?"看看48小时赛跑超过400公里的选手,他们也会有时速每小时6公里或7公里的撞墙期。甚至有选手光是走路,就可以维持在时速每小时8公里。换个说法,一个选手平常只以时速每小时10公里的速度跑步的话,可能就没练到所谓的"超慢肌",

比赛后半程如果要以时速 6 至 7 公里的速度前进，往往会感到辛苦。

在 24 小时赛中很少走路的我，48 小时赛里也曾遇到这种痛苦的场面。

平常我只是练跑，偶尔走个 10 公里也会肌肉酸痛，这证明我没有锻炼到走路的肌肉。

每一种跑步速度，用到的肌肉都不同，参加 48 小时赛，需要去锻炼各种肌肉。跑的时间长，相对也需要强韧的毅力，48 小时赛可以说是在考验一个人的"总合能力"。

2008 年的法国叙热尔，是我第 3 次挑战 48 小时赛。我第一次没有到场外休息，最后跑出超过 400 公里的成绩。

虽说那时我 41 岁了，随着年龄增长体力也许有所衰退，但我的"总合能力"反而增加了也说不定喔。

不拘泥于小事

对选手来说，鞋子是支撑双脚的基本配备。跑步学问的其中一门，就是去试穿各家厂商的鞋子，或是尝试换袜子与改变绑鞋带方法等等。

我们的双脚不可能一直维持相同状态，要注意不可以对自己的感觉抱着过度的自信。例如早上起床时的脚和傍晚工作结束后感觉疲倦的脚，浮肿程度是完全不一样的。

必须考虑到各种条件的变化，才能和鞋子成为好朋友。

曾经听一位在某运动厂商负责鞋子业务的朋友说，他拜访一位知名马拉松选手好几次，请选手试穿自家厂商的鞋子，但似乎每次都不合选手的感觉，都要求厂商修改。

每一次的要求大多以一毫米，或是以几克为单位。朋友很佩服这位选手，觉得"一流的选手果然对鞋子的要求不一样啊"。

做鞋子的师傅为了满足选手的要求，试着修改了好几次。但每次重改后送去，得到的答案不是"这里不一样"，就是"那里不合脚"。最后这位朋友也看开了，拿仓库里的市售鞋让他试穿。

没想到，那位选手竟然给了合格章，并称赞说："你们果真还是做得出来啊。"

我想说的是，**运动员的感觉不是绝对的，它会随着各种情况改**

变。在很多事上太过拘泥于细节而变得神经质也不恰当。

这位朋友不只负责这位马拉松选手，也广泛地负责过各种运动员的鞋子，对身为市民跑者的我也非常客气。

2003年的世界锦标赛之前，他知道我找不到适合带去比赛的鞋子，趁着去美国出差时特地到仓库寻找适合我的鞋子，带了好几双给我。

他带给我的鞋子，虽说尺码没有错，试穿了才发现鞋子实在太大不合脚。但我还是为他的举动感动，心里想："我要穿的不是鞋子，而是他的心意。"我决定穿他送的鞋子出赛。

这场比赛最后的结果是第二名。虽然没拿到第一名，但是以267.223公里刷新了亚洲纪录，这也是我第一次参加世界锦标赛。

我自己本身就不拘泥于小事，但这次竟然穿着不合脚的鞋出赛，连我自己都觉得有些夸张。这次经验让我了解，比赛中，**精神上的影响其实比技术上的影响还多**。

结束世界锦标赛回国后，朋友为了庆祝我的胜利请我吃饭。餐叙中，他说了以下一番话：

"我认识很多所谓的职业选手。日本有许多'把运动当作吃饭工具的职业选手'，但很少有'每次都固定有好成绩的职业选手'。关家先生每次都有稳定的好成绩，在我眼里你才是真正的职业选手。"

我知道这是客套话。

在美国职业棒球大联盟有杰出表现的铃木一朗选手曾经说过："不拘泥于小事。"

对职业选手来说，成绩代表一切。那些只拘泥于无聊琐碎的事，又没什么好成绩的选手，听到这句话应该不是滋味吧？

我认为铃木选手这句话是名言。

人的身体由什么组成

人的身体是由什么组成的？

这是个单纯的问题，但很少人能够回答。

我被问到这问题时，也答不出来。但正确答案似乎是："由嘴巴吃进去的食物所组成的。"

换句话说，只要去摄取优质的食物就会有优质的身体，但到底什么是优质的食物？

一般而言，蔬菜是优质的食物，但也不是只吃蔬菜就好。

要均衡地摄取肉类、鱼类、根茎类蔬菜等等，这样才能获得健全的身心，不是吗？

我从小就不挑食，餐桌摆什么就吃什么，很感谢父母培养我正确的饮食习惯。我之所以能长年跑步不受严重的伤，相信就是因为这种饮食习惯培养出的健康身体。

但是从一些顶尖选手来看，其实偏食的人挺多的。很多选手没有摄取均衡的饮食。

例如职业棒球选手铃木一朗，结婚前的饮食以烧肉等肉类为主，很不喜欢吃胡萝卜、菇类以及芹菜等高纤维蔬菜。结婚后，他的早餐以太太做的咖哩饭为主，这几年听说改成面包和面线。

过去在日本足球国家队有杰出表现的中田英寿选手，据说也很讨厌吃蔬菜，听说小时候吃蔬菜还会冒疹子，需要摄取维生素就吃保健食品。在伦敦奥运体操项目得到金牌的内村航平选手，饮食以肉类和白饭为主，特别喜欢吃零食，听说也很少吃蔬菜。

我曾经看过一部美国的实验型纪录片《超码的我》（*Super Size Me*），导演亲自下场当小白鼠，连续30天只吃麦当劳。到第21天医生警告过他，但他还是撑完30天，最后体重增加了12公斤，给身体带来负面影响。

这例子很容易让人想到麦当劳的食物对身体不好，但高尔夫球星老虎伍兹也是出了名的麦当劳爱好者，从来没听说过因此吃坏身体。

有许多职业选手都标榜自己饮食以蔬食为主。但在我眼里，他们也是一种不喜欢吃肉的偏食主义者。

听到某位蔬食主义者的经历之后，有位日本知名越野赛选手也效仿他，但这位选手后来说，改成以蔬菜为主的饮食之后，体质上变得比较容易疲惫，比赛的成绩也不如以往，就改回原来的饮食了。

我的结论是："没有哪种饮食方法适合每一个人。"

自己不喜欢的食物就算对身体好，但捏着鼻子硬是吃下它，对身体来说反而是一种压力，甚至可能会有不好的影响。

这也是"不拘泥于小事"的一种饮食方式吧。

透过川内优辉选手我看到的事

日本的马拉松界正处于长期的低潮期。不仅是国际比赛，最近连在国内举办的国际大赛，都很难有日本选手夺冠。

虽然没有人夺冠，但挤进前几名的选手，在赛后也会备受瞩目，可是有许多这样的选手后来无法持续交出让人满意的成绩。

近年在日本的路跑界出现了一位选手，他掀起新的热潮，把马拉松界的沉闷之气一扫而空。

他就是川内优辉（1987 年生）。

川内优辉并不是职业马拉松选手，他是位公务员，即所谓的"市民跑者"。工作之余，他会拟定属于他的练习方式，独自练习，参加比赛。

他在全马赛中常常赢过职业选手，创造出好成绩。

例如 2011 年 2 月东京马拉松，他以 2 小时 08 分 37 秒的成绩拿到第三名，是参赛的日本选手中最好的。除此之外，他在同年 10 月的大阪马拉松、12 月的福冈国际马拉松与防府马拉松，皆打败职业选手，获得佳绩。

最惊人的是，2012 年他竟然跑了 9 场全马，拿了 5 次冠军，以及两次日本参赛者的第一名。川内选手的表现完全凌驾于一年顶多跑一场全马的职业选手之上。

除了全马，川内选手也频繁参加半马，让日本上下惊叹不已。

这股气势到 2013 年也没有停止。他几乎每个月会参加一场全马，不是冠军就是日本选手中的第一，甚至在同年 3 月的首尔马拉松还刷新了个人纪录（2 小时 08 分 14 秒）。

川内选手平常的练习内容，只有一周 5 次的长跑和两次重点练习。一个月的练习量大约是 600 公里，把全马比赛当作是练习的一环。听说职业选手一个月会练习到 1000 公里，川内选手的练习方法与积极地四处征战的做法，颠覆了以往的常识。我很希望他能继续累积更多经验，确立一个"川内理论"，把他的经验传承给下一代。

当然我也希望他持续有好表现，好带给停滞不前的日本马拉松界一点刺激。

不过啰唆一下，我有点担心他会不会出赛得太频繁。

根据他的说法，参加全马比赛是他练习的一环。但一个月一场似乎有点多了。

除几场重要的比赛之外，他似乎保留体力在跑，但成绩也都是在 2 小时 20 分内。我相信这对他的身体是种负担。

满脑子想要刷新纪录，心情上也会比较容易兴奋，不容易发现潜藏在身体里的疲劳。也许他觉得"自己还行嘛"，但是照这样跑下去，有一天很有可能会弄坏身体，那时才让身体休息就来不及了。

听说他的最终目标放在 2016 年巴西奥运。在这之前如果还是以这种频率参赛，真的会替他担心。

我觉得，日本路跑界的命运，也许掌握在他脚下。

我不想看到他因为受伤而没办法跑步。希望连他休养的方式，也能带给职业选手和市民跑者启发。

我会一直替他加油的！

不局限于眼前的事物

日本运动界似乎有个风潮——把休息当作"不好的事"。

少年时代，棒球队的教练常常激励我们："只要休息一天，想要恢复到原本的肌肉就得花两天时间练习才行。所以不可以休息，要赶快多练习！"

越是去锻炼肌肉，它当然会越强壮，但是过度练习也会受伤。受伤严重的话，需要长时间的休养。

年轻时恢复得比较快，但如果训练做得很重，就算仗着年轻，隔天早上还是有可能会起不了床，或是感觉身体沉重、疲惫等等。

这就是"身体在求救"的信号。要学会正确判断身体状况，适时减轻练习量，或是多安排休养日。

因运动而受损的细胞，当它恢复功能增强力量时，肌肉也会随之发达起来。这么说吧，运动是破坏细胞的过程，休养是让细胞恢复的时间。不休息一直运动，除了会降低免疫力，也比较不容易消除疲劳。

我的经验是，**怠慢休息一天，要花两天才能消除疲劳。**

不休息持续运动，很容易罹患慢性疲劳。这除了会影响运动的表现，也会引发运动伤害，最坏会导致运动障碍，留下后遗症，千万不可轻忽。

我有个朋友，他的信念是"不休息"。

不管是下雨天还是刮大风，他就算脚痛也不休息，每天都跑步，甚至每个周末都会去参加比赛。

这就是所谓的"跑步中毒"。一天不跑步也许就会坐立难安吧。

这样持续了一年完全不休息的日子，最后还是沦落到受伤的下场。

膝盖受伤、足底筋膜炎、跟腱受伤等等，还开刀接受治疗，3 年后还没有完全康复。

因为忽略了休息而受伤，结果是要花上好几十倍的疗养时间才能弥补。

以我为例，比赛后我会给自己休养的时间，有时候甚至会休到连自己都觉得"会不会休息太多了"……

在休养时，我往往以这句话警醒自己："就当作是受了伤，多休息一点。"

与其真的受伤"不能跑"，宁愿选择"不去跑"，这样在精神上我会比较轻松。

我曾在超马界长时间保持安定、高水平的成绩，我确信那是因为适当的休养。

很多人受伤都是因为经验不足，或是因为年轻人特别急着想要突破自己的成绩。

到巴西奥运时，川内优辉选手也 29 岁了。我曾听他在访问中说："身为竞赛选手，我的巅峰期大概就是在那时候吧。"由此可知，他似乎没有把 2020 年东京奥运放在运动生涯的计划中，但到 2020 年他也"才"33 岁而已啊。

有"马拉松皇帝"之称，且在 5000 米、10000 米与全马等项目拥有过世界纪录的埃塞俄比亚选手海尔·加布雷塞拉西（Haile

Gebrselassie），破全马世界纪录 2 小时 04 分是在 35 岁时（2008 年 9 月柏林马拉松，成绩 2 小时 03 分 59 秒）。

身体其实可以用很久，全看你怎么用它。只要擅用学到的经验，足以预防肌肉的衰退。

不要因为局限于眼前事物，而破坏具有更多可能性的未来，这样是很可惜的。

我观察职业选手，他们在年轻时一直勤练，导致 30 岁前后在成绩上就没法有所进步，甚至也有受伤后被迫退隐江湖的选手。

在十几二十几岁时短暂地受到外界的瞩目，看似如樱花般花开花谢简洁而美丽。但我认为，如果**在年轻时默默储备实力，一直到 30 多岁才开花也没什么不好**，我期待今后有这样的选手出现。

"技术达人"王贞治

"机械加工业的技术工"。

如果要我描述自己的身份，我应该会这么说。

我从事这职业已经25年了，自认是熟练的技术工，对自己的工作感到骄傲。

我的工作主要是操作机器削铁，并按照加工图完成产品。

生产出的成品不允许掺杂任何"个性"在里面，一切讲求一致。但在生产过程中，还是要依靠技术工的手艺。越是经验丰富的技术工，越不会有多余的动作，并且能花最少时间完成操作。迅速、准确，这就是能看出技术工实力的地方。

我和跑步也相处了20年以上。跑了这么久，经验过不少事情。

我并不是以跑步为生计，而是在兴趣的范畴内跑步。

和职业跑者相比，我有自信，我的经验和成绩不会输给他们。

可能是技术工个性使然，我在跑步上也乐于追求技术。能持续这么长时间地跑步，说明这运动适合我的个性吧。

在第一章中曾提到，我少年时代的梦想是"当职业棒球选手"。

从小学三年级一直到高中，我每天下课就会去打棒球，是个热血棒球少年，当时我的偶像就是刷新全垒打世界纪录的王贞治选手（读卖巨人队）。

每当转播比赛时，我都会黏在电视前面直到比赛结束。除此之外，父母也会带我去球场看球赛。

只要是王贞治打全垒打，巨人队又赢球，隔天我就会和同学在学校热络地讨论棒球。不只是我，当时所有的少年都把王贞治当作偶像。

成年后，我在旧书店无意间发现王贞治在引退之后写的书。

书名叫作《回想》。书如其名，内容主要是回顾他的选手生涯。书里赤裸裸地描述了他在选手时代的光辉事迹和遇到的挫折。我着迷地一口气读完。

印象最深刻的是，王贞治把自己定位成"技术达人"。

刷新了种种全垒打纪录，并且成为国民英雄的他，能长年维持顶尖水准，这成就来自他抱持着向上精神，不厌其烦地磨炼自己的击打技术。身为"技术达人"，他不断尝试失败，累积探求的精神，才造就了如此伟大的纪录。读完后我非常感动。

我没当成棒球选手。高中毕业进入社会之后，就到乡下的工厂当技术工。我从《回想》中学到，**不管在哪个领域，只要是在专业的工作岗位上，都必须努力磨炼自己的技术。**

我曾经立志："我要当机械工的全垒打王！"

磨炼技术＝磨炼自己。

我认为王贞治想表达的应该是这个意思吧。

身为技术工、身为跑者，虽然还没看到自己的终点，但我认为一步一步累积努力、磨炼技术是很重要的。

武士道和"超马道"

升学教育的弊病

一位女大学生毕业旅行来到日本，她顺道拜访了一些朋友，旅程的最后，她特地来到我家问好。

我问她对日本人的印象，她回答：

"日本有许多亲切的人，给我许多美好回忆。但是，特别是年轻人似乎缺少了武士道精神，这点觉得有点可惜。"

我对这个意外的答案，感到惊讶。

"武士道"是指古代日本武士阶级应有的伦理、道德与规范。明治时期的教育学家与农政学家新渡户稻造为了要向海外传达日本精神，1899年用英文写了《武士道》。这本书获得好评之后，被翻译成各国版本，成了在国际上有影响力的名著。

她说日本年轻人遗失了"武士道精神"，这到底指的是什么？

《武士道》中写到的身份较高的武士所应该承担的义务和遵守的规范，其实是广泛地针对一般市民阐扬的为人处世的道德观。

书里写到要抛弃私心和利己心，遵从忠义和名誉，以及勇气、礼仪、真诚、克制、自我、对人的同理心等等，都是武士的成规，也是"日本人原有的心"。外国人第一次读这本书时，似乎被日本人的精神感动而予以赞扬。

我猜想在这本书出版之前，也许日本人真的曾经拥有过如此美的国民性。

身为后裔的我们，原本应该要面向世界，堂堂正正地感到骄傲才是。但是现今的日本并没有好好教育下一代，把武士道精神传承下去。

我高中毕业进入职场很久之后才了解武士道。在正在读的书中看到对武士道的介绍，就去旧书店翻找新渡户稻造的书。

书的篇幅不长，但用词艰深不容易理解。虽然没有全部理解，但其中有许多引发共鸣之处。这书不只有令人警醒的作用，也为活在世上遇到的各种疑问和烦恼，提供了答案，是一本非常深奥的书。

可惜的是，如今许多日本人没有被教导这个自古流传下来的美德。许多人甚至连武士道的存在都不了解。

这些通过先人运用智慧、挥洒汗水、努力学习，塑造并传承下来的东西，如果后人只把它当作从过去就存在的一种"理所当然的东西"，丝毫不知道先人的辛苦就长大成人，当然不会产生所谓的"感恩之心"。感恩的心，才是这位女学生说的在日本年轻人身上遗失的"武士道精神"。我认为不只有年轻人，这种遗失甚至是当代日本人整体的通病。

我这本书书名中的"超马道"，其实也是从"武士道"得到的灵感。

"超马道"率直地叙述了从跑步中培养、学习、感受到的各种事情和道义。但这本书，**最想传达的还是感恩的心情。并不只是针对某件事而感谢，而且要广义地去感谢"让自己能活在此时、此刻、此地的一切事物"。**

人不像动漫里的人物可以靠计算机动画凭空产生。我们的生命是在人类长久的历史中，命中注定被安排的。每个生命个体都有它的意义，同时也担负着传承的使命。

活在当下的我们，就像从先人手中接过棒子跑步的选手一样。

但是接下来要前进的路，并不是前人帮你铺好的道路，而是要靠自己去开拓才行。**有上坡，也会有下坡，有荆棘的道路，也会有如同山洞般漆黑的道路。在道路上也许会迷失方向，这时候就要学先人克服困难，开拓出属于自己的路。**领悟到这件事的同时，也许就能克服当下遇到的问题吧。

不得不说，现在的日本教育非常可惜。

无论是在家庭教育还是在学校教育中，最重要的还是情操的教育。

这包含追求道德伦理、追求真理、追求美的艺术等等的情操。

要尊敬先人、学习先人的教诲；尊重小孩的兴趣，鼓励他们追求兴趣的同时培养他们的情操。

在升学主义氛围浓厚的日本社会中，教育偏向知识的传授，对传统文化的关心比其他国家还来得低，长久以来情操教育被忽视了。

偏重于传授知识的"升学教育"，小孩若以考试分数判断事物，很容易变成视野狭窄的"具有小聪明但没有内涵的人类"。

可怕的是，从这升学教育脱颖而出的精英会站到社会的顶端，操控国家，确立社会的模式。

搞不好有一天，他们会批评先人的作为。他们只注重事情的结果，自以为是个什么都懂的"解说者"。这种人还有可能会坐到一国之首的位子上。

在马拉松比赛中，成绩优秀的选手受人瞩目，是很自然的事，但并不代表这个人的行为举止都是正确的。马拉松的成绩绝对不是判断一个人好坏的标准。但是选手一旦在比赛中获得好成绩之后，不知道为什么很容易迷失自己，自以为伟大。

忘记谦虚的姿态后，很容易把事情朝对自己有利的方向扭曲。

人总是容易被眼前的数字或是偶发事件影响。关于这点，我自己也会谨慎注意的。

生死观和金钱

提到武士道，免不了要谈生死观。

武士道的想法是：抱着荣誉的"死"是最美好的"生"。这并不是美化死，而是一种"抱着必死的决心坚持生存""为了这件事我可以牺牲奉献"的想法。追求与探讨"死"的意义的同时，可以发掘"生存"的真正价值。

过去我没有认真地思考过"死"，在43岁我有了女儿之后，开始会去思考它。

在教导女儿时，我领悟到自己正从"主角"转变为"配角"，也常常会想自己在某一天"交棒"给她之后，也会有迎接死的那一刻。

但是在武士道的观念中，"死"是人生的本质，我的女儿让我体悟到了这事实，我非常感谢她。

"人，只要抱着必死的决心，什么事都会成功。"并不是只有"武士道"会这么说。

苹果公司的创办者乔布斯，在2005年斯坦福大学毕业典礼中的著名演说提到："我每天都会想着如果自己明天就要死去，今天会做什么？"我的想法也相同。甘地也曾说："以明天就会死去的心情过每一天，用可以活到永远的心情去学东西。"但这并不是意味着"反正都要死了"所以就随便活着，而是要有"不枉费人生，好好地迎接终点"的心态。

因此，武士道中的生死观，也可以说是人类共通的普遍想法。

在第三章的末尾我曾写道："如果把人生比喻成是一场拳击赛的话，我想我应该只是刚过中场休息时间而已吧。"这当然不是在说寿命还剩多少的问题，而是指自己还有想做的事，甚至连该做的事都还没有达到人生里程的一半的意思。我客观分析如此不成熟的自己。

一个人人生的剩余时间到底还有多少？这是没有人知道的事。我从先前累积的经验来看，相信自己剩下的时间会是非常充实的时间。**不要只为了延长性命而消极生活，生存在世界上就要不断保持奋战的精神才行。**

我在第二章讨论过非洲马拉松选手实力之所以强大的原因。探寻他们坚强意志力的来源时会发现，"不是生，就是死"的觉悟是他们的精神支柱。

埃塞俄比亚和肯尼亚是贫穷国家，国内有许多因为饥饿营养失衡的小孩，也有许多人饿死。看着周遭亲人和朋友死去，存活下来的他们所抱持的生死观及由此而来的意志力，绝对凌驾于在不缺物质的国度中长大的我们。

我目前得过 4 次 24 小时世界锦标赛冠军。但是没有非洲选手参加过 24 小时世界锦标赛，也从没听说有非洲选手挑战过这个比赛。所以，我其实是个"不包含非洲的世界冠军"。

非洲选手不参赛的理由很简单，就算在这类比赛中获得冠军，也并不能带来财富，没办法以此为生。

世界锦标赛没有奖金，大家都只为了荣誉和光荣，为了追求自己的可能性而跑。**超马和奖金丰厚的商业比赛原本属于完全不同的世界。它是一个追求道义的世界，从中可以感受到如武士道一般憨厚又率直的情调。**

今后超马会慢慢普遍化，也许牵扯到数额巨大的金钱之后，会有非洲选手或是职业选手参赛。我个人很好奇，想看他们会有何种表现，会创下何种纪录。但反过来，一想到超马的精神会随着金钱赋予胜负的价值而被矮化，超马的精神和神秘性被破坏时，心里还是会难过。

"武士道就像樱花一样，是日本这块土地固有的花。"

新渡户稻造的《武士道》这么提到。**不管世界如何物换星移，一定有不变的、不能被改变的、必须要去守护的东西。**

抱着必死的决心去解决事情固然重要，但退后一步以客观的角度去全盘考虑更重要。

贫困虽然很悲哀，但最令人感到悲哀的是一个人失去心志的时候吧。

就算拥有再多的财富，也没办法将财富带到那一个世界啊。

公平竞赛的精神

只要是竞赛就需要分出胜负，一场比赛里有胜者就会有败者。

分出胜负的关键除了技术、体力、专注力之外，也需要运气。所以胜者不必太得意，要"客观"地去冷静接受"刚刚好运气好"的事实。**自己之所以成为胜者，是因为有对手的存在。**世界上只有一个人的话，什么事都没办法成立，要对所有情况心存感激，尊敬对手。这些都是胜者需要具备的态度。

如果一个人一直过于在意比赛结果，是无法期待他有所成长的。

在第五章中曾提过的王贞治选手，他在比赛中频频击出全垒打也从未骄傲过，这是受他哥哥王铁城的影响。

高中时代，有一次王铁城看到击出全垒打后在本垒欢呼的弟弟，就斥责弟弟："多想想被击出全垒打时对手的心情。"从此，王贞治选手击出全垒打后，再也不摆出高兴的样子。

针对这件事，王铁城在事后说："他都已经是高中生了，其实率直地把感情表现出来也许比较好。我很对不起他。"王贞治选手则回应："哥哥过去说得没有错。任何时刻都必须对周遭心存感激才是。"

当运动被娱乐化，变成一种表演时，为了体谅对手而隐藏喜悦，这反而变成了对观众的不敬，这种想法目前似乎普遍流行着。就像王铁城说的"率直表现喜悦"是人的本能，刻意压制感情也许会妨碍成长。

但运动员还是得要谨慎注意，表现喜悦的动作不可以成为侮辱、挑衅对方的失礼行为。

王贞治在击出全垒打刷新世界纪录的瞬间，他抬起双手摆出"万岁"姿势。据说当时教练跟他说："你平常击出全垒打后都默默地跑垒，破纪录时总该做个什么动作吧。"不太擅长表演的王选手才勉强想出来这个动作。王选手伟大的地方在于平常就懂得冷静判断场面，并懂得适度关心周遭的人。

运动的目的在于"锻炼身体和脑袋"，并且培养健全的精神，帮助自己成长。但最近运动牵扯到庞大资金之后，这个领域充斥着自私想法，甚至很多时候还被拿来当作政治手段。

例如在足球的国际赛里，不只是选手，连观众都集体表现出战争般的杀气。把运动导向这种手段是否适当？

看到足球场内举着不尊敬对手的横布条或牌子，甚至在分出胜负之后互相怒骂，这样的气氛令人难过。

武士道的基本在于"公平竞赛的精神"。

"公平竞赛"又来源于"贯彻道义"。武士就算赢了，但是态度被认为不道义、只利己时，肯定不被赞赏。

"义"的相反词是"利"，"只要自己好"这种以自我为中心的想法违背了武士道，是姑息又低级的态度。

应该被传承下来的东西

在谈论技术之前，重要的是为人处事。

我相信日本人的潜意识中确实存在着武士道精神。希望我们能在友好的运动氛围中彼此共享这份精神，并用心栽培，一同传承到下一代。

我认为纪录不是用来"突破"的，而应该是用来"传承"的。

数字没有办法量化先人的用心，将寄托于数字背后的用心传承给下一代，才是世界纪录所担负的重任吧。

从过去到现在，然后再连接到未来，这条连接线才是所谓的"道"。

2014 年 12 月东吴国际超马赛，日本的原良和选手大幅更新了我的 24 小时亚洲纪录。

虽然他年纪比我小 5 岁，但是非常值得尊敬的运动选手。

从 2012 年起，我连续 3 年和他在东吴国际超马赛一起跑步，接触他、了解他的为人之后，我就想他迟早会更新我的纪录。

这次他更新了我的纪录超过 10 公里，但我完全不惊讶，他会有如此亮眼的成绩很正常。

2014 年，比赛到了第 19 小时，原选手已经跑了接近 230 公里，以剩下的时间来推算，他是非常有可能跑出好成绩的。

那个时间段里我已经很难维持每小时 10 公里配速。每当他超过我时，他的背影总是那么英姿飒爽，脚步也非常稳定。

我对着他的背影大叫：

"原选手，这次是个机会喔！不要想琵琶湖（每日马拉松）的事了。使出最后的力量吧！"

原选手没有回头，但默默地举起手回应我。

比赛前一天和原选手聊天时，他对我说："其实我还没放弃破自己的全马纪录。预计在明年 3 月 1 日的琵琶湖马拉松再挑战看看。"

但是在当下这种可以更新纪录的关键时刻，千万不可以想比赛后的事。**为了让他不后悔，我希望他在每个瞬间都能尽全力跑步。**

比赛结束后，在闭幕式开始之前，原选手走到我旁边说：

"关家选手，比赛中你对我说的那一句话让我抛开了一切。都是那句话让我尽全力跑完比赛。谢谢你。"

说完，他又补了一句："为了庆祝，可以拥抱一下吗？"

说完他就飞扑到我身上。

周围的人们看到这一幕，也许会疑惑这两个 40 多岁的中年男人到底在干吗……但那一刻我深深感受到，被这样有"情感"的人刷新纪录是多么棒的一件事。

相信原选手不会因此满足，他会以谦卑的心，坚定地勇往直前。

我也相信，今后也会有许多年轻选手看着他的背影成长吧。

灵魂寄予人心之上，将会永远被传承下去。

广岛—长崎 423 公里远征记
最长、最远、最热血的夏天

绝对不能再让战争发生

在道路上溯溪前进

克服一道道关卡

比樱花道超马赛再多 170 公里

昏昏沉沉，一边恍神一边前进

要客观分析现状，再全力以赴

最后的折磨

希望心静、和平的时代可以一直持续下去

绝对不能再让战争发生

　　小的时候，我周围几乎没有人会对我讲第二次世界大战的事。

　　爷爷在我出生后没多久就过世，我对他几乎没有印象。体验过战争的外公外婆，我也不记得他们曾经跟我说过战争的事。外公外婆在我念初中、高中时相继过世，在世时我一年也顶多和他们见面一两次，也许对他们而言，总是缺少跟我讲故事的机会吧。

　　我的父母都出生于 1940 年，战争结束时，我母亲 5 岁，她只记得空袭染红的天空和飞弹的爆炸声，不可能了解当时的政治背景和国际形势，但我常听母亲提到，战争结束后，在混乱和贫困、缺乏物资的生活中，与兄弟和邻居之间相互依靠、扶持长大的事。

　　"要珍惜东西""不可以暴殄天物，否则会遭天谴""做见不得人的事会被上天取笑"……母亲会以亲身体验为例对我们说教，都很有说服力，我百般不情愿但还是听进去了。至今仍很感谢母亲教导我在这世界生存所需要的道德。

　　关于战争的事，我也不是从教科书上得知的。

　　在我小学四年级到六年级担任导师的山本升一老师，曾经在第二次世界大战中参军，他在上课时会告诉我们战争时期发生的种种事情。

　　当时的小学几乎所有的科目都是由导师一手包办，所以不只是在社会课，连国语、数学的课堂里，老师也常会偏离主题，给我们讲战争的事。

一点都不夸张，在担任班导师的 3 年里，他的课有三分之一的时间都在讲战争，如果是在现今的教育体系中，他肯定是会被家长抱怨吧，但当时完全没有任何家长对他抱怨过，我也很喜欢山本老师的课。我完全不管必修课程，专心地聆听他的讲述，很可惜现在我只记得一些片段，但老师常告诉我们"战争是不好的事"，这句话一直深深烙印在我的心里。

小学毕业后，我曾在同学会见过山本老师一面，但后来就没有再联络。

现在他应该已 90 多岁了，我相信他一定还是在哪里继续对年轻一代讲战争故事吧。

我写这本书的时候，距离第二次世界大战结束，已过了 69 个年头。

体验过战争的那一代，将战争教训传承给下一代的机会越来越少。不懂战争（或是只知道教科书上写的战争）的那一代，现在进入政坛，成为国家的中心。

看看现在的世界成了何种模样：

在世界的一些角落里依然有纷争；被强行剥夺自由和财产的人也依然存在；标榜经济优先，结果破坏了地球整体的平衡。

我出生于 1967 年。当时是战后 22 年，日本正处于高速的经济成长期。

和母亲的童年相比，我不愁吃穿，也不愁住，新的产品不断地发明，完全感觉不到生活有任何的不便。但这只不过是属于日本的"特殊情况"罢了。

我认为当下的世界形势不能说是安定，而是如同徘徊在不稳定乱流中的飞机般，至今还找不到安全着陆之处，处于危险的状态。当人们沉浸在和平和繁荣的"特殊情况"之中，或是当每个国民都把当下享有的一切当作理所当然之时，是不是就很难察觉我们拥有的这一切其实很珍贵呢？

我们必须要从过去的战争中记取教训。那就是："战争是从集权者的一声令下而开始的"，通过国民和媒体的情报传达，战争的规模会越来越大，最后会发展到无可收拾的下场。

因此，每个国民都不能把现有的和平当成是理所当然，今天的和平是以战争中死去的人们为代价，是从破败中重建家园的前人努力换来的成果。我们要认知这些事实，并传承到下一代，确保不再犯同样的错误。

1945 年 8 月 6 日上午 8 点 15 分。

原子弹从美军手上丢至日本广岛。

死者达到十数万人，幸存者除了受重伤，还罹患严重的病变。

在 3 天后的 8 月 9 日上午 11 点 02 分。

日本长崎被投下第二颗原子弹，造成了十数万人的伤亡。

死去的人们都是普通百姓，天真的孩童也在瞬间被夺走生命。在广岛投下原子弹的 B-29 攻击机"艾诺拉·盖"（Enola Gay）号的飞行员西奥多·范·柯克（Theodore Van Kirk，于 2014 年夏天过世）曾经说过："投下原子弹，是为了早日结束战役，防止伤亡人数的扩增。"如果他当时没有投下原子弹，不知道后果会变得如何？也许答案不过是变成"由别人投下那颗原子弹"而已。战争就是如此，一旦发生平民就将为之付出巨大代价，绝对不能再让战争发生。

我决心要一个人从广岛跑到长崎（423 公里）的原因，就是要用自己的脚把人类历史上遭受核武器攻击的两个地方串联起来。身为日本人与世界上的一名跑者，我希望可以通过这个活动传达战争的残酷、悲惨，还有不可以让这个事实被遗忘。

这项"广岛—长崎接力马拉松"从 2005 年开始举办，到 2014 年刚好迈入第 10 年，据说还没有人一个人跑完过全程。

但传说在这比赛诞生前二三十年，有几位选手曾单独跑完过这段路，例如希腊的扬尼斯·库罗斯、英国的詹姆斯·扎雷（James Zarei）和帕特里克·马克（Patrick Macke）等曾经拿过斯巴达松冠军的跑者们。虽然都是传闻，但其中并没有日本的跑者，这让我一直觉得遗憾。身为日本人，也曾是斯巴达松冠军的我，燃起了一股"我不去做那还有谁做得到"的使命感（虽然这样说有点不好意思），决定挑战这个比赛。

我把这项挑战当成一个"必然"的结果。

在道路上溯溪前进

2014 年 8 月 6 日上午 8 点。

我和担任这次长途征战补给员的井上明宏先生，站在广岛原爆遗址旁的喷水池附近。

这里集结了许多接力队的参赛者，大会主办人越田信先生递给我们号码牌和名牌之后，简单为我们作了介绍。

这次除了我之外，有 3 位选手也是一个人参加，据说其中两位选手已经在深夜 12 点出发了。

但是从几天前就开始下的大雨，让道路积水，导致选手需要回头和绕路才能往前进。

早上 8 点大雨虽然变成毛毛雨，积水也许正在消退，但大会还是要我们注意自身安全。沿途中大会没有安排任何引导员和义工，这是一个以最少的人力举办的活动。因此，大会要求选手们遵循的最主要的规章，自然就是"自我负责"。

8 点 15 分。听到和平纪念仪式传来的指示声，我们默哀了一分钟，接下来在相继响起的鼓声之中，为那些丧生于原子弹攻击的人们祈求冥福，祈祷和平。

天空依然下着小雨。据说上一次在 8 月 6 日的和平纪念仪式中遇到下雨天，已经是 43 年前的事了。

默哀之后，我戴起帽子，仰望天空。

我不禁想象，如果 69 年前被投下原子弹的那一天，也是这样的天气的话……

战后得知，美国为了要测试开发出的核武器的实际威力，才选定在晴空万里的那一天投下原子弹。如果那一年如同现在一般台风接踵而至……历史会被改写吗？

大会规定从早上 9 点出发，但我请越田先生让我在默哀完之后就出发。9 日上午 11 点前要到达终点长崎，我第一次跑这么长的距离，也不知道途中状况，总之想尽量多争取些时间。

8 点 20 分，在接力赛选手们的目送之下，我笑着挥手离开了起点广岛原爆遗址。

我右手拿着水壶，左手拿着地图出发。原本已有心理准备要在炙热的地狱中跑步，完全没有想过是在雨天跑步。毛毛雨加上凉爽的气温，这么适合跑步的条件反而让我有点困惑。这意味着，跑步的速度可能会比一开始的预设还要快。万一不小心跑太快，又担心会影响到后半段。我用 GPS 手表逐一确认，努力维持稳定的配速。

雨势没有大到需要穿雨衣，我穿着 T 恤，配了短裤。T 恤上有"巨人军团"的字样。我一直都隶属于这个慢跑俱乐部，但上次穿这件衣服可能是 10 年前的事了。"巨人军团"的负责人，也是我的超马师傅齐藤安广先生，他在 2014 年 5 月（65 岁）离开人世。这次的跑步也是为了悼念他。

69 年前，原子弹投下后数十分钟，广岛市内下起了蘑菇云带来的"黑雨"。雨水里虽含有危险的放射性物质，但被爆风严重灼伤的人们由于口渴，忍不住喝下了这些雨水，导致身体受到的伤害更加严重。直接遭受到辐射的人们，也因为这雨水，受到了二次辐射感染，扩大了灾情。

我现在承受的是大自然赐予的雨水，它是温柔的。我一边淋着雨，一边想着当时遭受辐射灾害的人们。

起跑没多久，井上先生就去取车。由于他把车停在离广岛原爆遗址 2 公里处，直到我跑到 9 公里处、通过广岛电铁宫岛线的井口车站附近时，他才追上我。在那里加满水壶，吃了小餐包和饭团。之后，就请他先绕到四五公里前帮我准备水壶的补水和食物。

井上先生给了我建议："现在是适合跑步的凉爽气温，趁现在提高速度，多跑一些距离比较好。"

我和他的想法相同，但最快也保持在时速 11 公里左右，我留意不可以跑得比这速度还快。往后的路还很长，为防各种状况，我认为在赶时间的同时，保留体力也很重要。

过了上午 10 点，从广岛市进到廿日市市时雨也停了，暂时在阴天中前进。此时太阳慢慢地从云隙中露出一点身影，但对原本预设气温 35 摄氏度的我来说，还是凉爽许多。这时气温大约只有 28 摄氏度吧。但是湿度还挺高的，汗流得多到不正常，每 5 公里就喝光了 500ml 水壶的水。

在 26 公里处的大野浦车站，我受到几位准备接力赛的跑友的迎接。抵达这里之前的路是没什么人通行的旧国道，并不是人车聚集处，当他们对我加油喊话时，我的心受到许多鼓舞。

由于前晚大雨，局部铁道无法通行，使得 8 个接力队伍在接力问题上大伤脑筋。他们边鼓掌边开玩笑说："说不定这次只有一人参赛的跑者才能跑完全程呢！"

在 29.5 公里处，会合到国道二号线。我看到"下关 171 公里"的标示大叹一口气。接下来的路还很遥远。

11 点 40 分抵达 34 公里处的苦之坂。在上坡中途有一个要进山路的入口，但从坡上流下的雨水仿如一条河川。

"简直就像溯溪嘛。"我笑着对井上先生说。于是开始爬坡，踩着用铁管做的梯子进到山路。到苦之坂的顶端只花 5 分钟。但下坡反而很危险，道路就像沼泽地一样柔软，鞋子陷入泥巴无法顺利前进。"真的是'很痛苦的上坡'呢。"我带着苦笑好不容易离开山顶附近难走的路段，没花几分钟就抵达出口。但就在此时又遭遇到意外情况。下坡处到柏油路之间的数十米距离，积水竟然汇成一个小水池，不禁让我却步。

我战战兢兢进到水池里，水位很快来到我的臀部之下。要踩下一步前进时，水位似乎会更深，正在想该怎么办才好时，绕路到前面的井上先生出现在 10 米前的柏油路上。

他问："你在干吗？"

我苦笑回答："你看着也知道吧。"

他又开玩笑说："你要折回苦之坂吗？还是要游过来？"同时他指着另外一处："那边说不定可以过得来喔。"

我一边担心一边慢慢往他说的方向一步步前进，幸好水位没有再上涨，终于安全渡过水池，上到柏油路。完全没有想象到会发生这种事，克服了这样的障碍，我总算松了一口气。

这时候，太阳完全露脸了，阳光变得强烈。蝉叫声不绝于耳，夏天回来了。

没跑几公里，在苦之坂的出口处弄湿的鞋袜也完全干了（也许只是变得不在乎了）。

在 37 公里处的两国桥之前，看到警察一辆一辆拦下车子，不知道对司机说什么。这条路前方似乎发生了泥石流灾害，无法通行。我问井上先生，他说行人可以通过，但车子不可以前进，必须要绕一大圈的路才行。于是跟他说好用手机保持联络，我则继续前进通过两国桥。

再度进到有铺路的山路时，发现一侧的道路地层下陷。原来如此，难怪车子无法通过。跑过它的旁边，越过小濑卡时看到当地居民正总动员清除堆积的土砂，也看到左手边的山崩了倒塌在民宅上。感觉得出前夜的大雨比我想象中还要大。

43公里处。日本三大名桥之一的锦带桥之前，路也因为土石塌方完全被堵塞。我心想这条路还能不能通过的时候，发现有自行车通过的车轮痕迹，于是沿着痕迹穿过。

在50公里处和井上会合。时间也快下午3点了，耐不住炎热的气温时刚好有他的补给，真是得救了。接下来的3公里有多处由地层下陷或是泥石流造成的通行阻碍，但过了53公里一直到最后，没有再遇到任何通行上的问题。

跑在晴空万里、闷热的天气里，悠闲的乡间道路绵延不绝。过了下午7点，我跑到位于85公里处的山阳本线栉滨车站时，太阳总算下山了。

但到了晚上依旧很闷热。无风、湿度又高的情况下，我汗流浃背。补给时在水壶里加冰块，想尽量让身体冷却下来。

虽然并不是因为天色昏暗而造成注意力散漫，但我在87公里处不小心跑错路，多亏井上打电话来告诉我，我才及时在最少损失之下回到正规的道路。

这次我携带了具有追踪功能的GPS，井上随时可以通过智能手机追踪我，有任何问题，他都可以打电话通知我。这个GPS功能救了我好几次。几年前还很难想象有这样的东西，现在真的是什么都变得很便利。

克服一道道关卡

通过位于 88 公里处德山车站附近之后，我穿上了反光腰带，也顺便换 T 恤。

帽子装上头灯，手腕绑上闪灯，夜间跑步准备就绪。

晚上 9 点刚好跑到 99 公里处的户田车站。看到井上先生旁边有一位准备加入接力赛的跑者，他们一同迎接我的到来。我的脚踝似乎起了水疱，在这里换了袜子和鞋子，并处理水疱。休息一阵子后打电话给妻子，女儿这时还没睡，她天真地问我："爸爸，你在做什么？"我回她："我正在跑步啊。"她回我："加油！"听到家人的声音，心情上和缓了许多。

通过 107 公里处的富海车站，转换到沿着濑户内海的海岸道路，虽说只有 2 公里，但在闷热的天气中来到这里，被一阵海风吹得身心舒畅了起来。从这里进到防府市中心，内陆建筑物增多，遮挡了风的吹进，我的汗水大颗大颗流个不停。

如果是白天，在阳光照射下衣服很快就干，但在晚上，大腿附近由于汗水黏答答的，非常不舒服。我按捺不住，在 115 公里处，也就是防府车站附近的便利商店的厕所里换上了新的短裤。

持续着闷热的夜晚。根据井上先生的说法："是有风没错，但吹的是顺风，让你的身体不太能感觉到。"

这么比喻好了，前方有大卡车呼啸而过的话，会从正面吹起一阵逆向来的风，那时可以感觉到瞬间的凉意。而从你背后来的顺风，就难以让你感觉到清凉了。

闷热的天气再加上疲惫的身体，到了深夜沉重的睡意袭来。但这里大多数是没有步道的路段，如果摇摇晃晃不小心跑到路中间，有可能会被开得很快的大卡车辗过，这种紧张感抑制了我的睡意。

但终究还是无法抵挡睡意，半夜两点，在136公里处便利商店的停车场小睡了5分钟，这是起跑后第一次补充睡眠。我倒在地面上，身体呈大字闭上眼睛，光是这样心情上就觉得舒服许多。

转换心情，准备出发的同时，跑了一公里后又迷路了。我看着地图也完全不知道自己的位置，井上先生打电话来指引我，但我的反应变得很迟钝，还是朝错误的方向前进。我心里一直以为不会出错的——只要以直线前进，就不会出错，也自负很会看地图——但终究还是因为疲倦和睡意脑筋不灵了。

139公里开始会合到国道二号的干线道路。我跑在大卡车呼啸而过的道路旁，只能选择有步道的那一边前进（可能是道路宽度有限的关系，几乎没有两侧都有步道的地方）。

在142公里处的便利商店，我吃了一些荞麦面。虽说没有什么食欲，但由于面很容易入喉，一下子就吃完了它。空腹也容易导致睡意，吃了点东西总觉得有精神。在这个便利商店休息一会儿后，看到接力队伍的石原义昭先生开车到来。石原和浪越保正两个人组一队，所以其中一位队友在跑步时，另一位就要开车前进才行。一个人平均也要跑200公里以上，看来他们也是在挑战艰难的任务呢！

也许是荞麦面带来的力量，或是因为下坡，在跑到井上先生等待着我的150公里处之前，速度竟然超过每小时10公里。此时是清晨 4 点 20 分。我乐观地想，就以这速度干脆跑到天亮，这样就可以多前进一点距离。但就在出了补给站时，我被路边的栏杆绊倒。

记忆中是脸先撞击到地面，鼻子擦伤，狠狠撞击到左胸，左脚也擦伤。我的脑袋顿时变得空白，于是坐在原地休息一阵子。头灯的固定处也被我弄坏，不能再用了。我先打电话给井上先生说明了一下情况，但心里想，也不能光是坐着等他来，于是我扶着栏杆走了一会，才渐渐跑了起来。

几分钟之后井上先生追上来，我和他说明了情况。总之还是跑得动，我决定先不处理擦伤，用手电筒代替头灯，继续赶路。这么长距离的跑步，跌倒是无可避免的事。不能让这点事阻碍我的前进。

不知不觉天际渐渐泛白。和跌倒前相比，我的配速变慢了，但步伐还可以。此时睡意又再度袭身。大约在早上 6 点，到达位于 160 公里处的厚狭车站时，井上先生问我："要治疗伤口吗？"于是拜托了他在这里"治疗"（虽然只是消毒和用了绊创膏），大约 10 分钟时间，我横躺着闭上了眼睛。这个睡眠似乎还蛮有效的，配速又恢复到跌倒前的时速 10 公里。天气闷热的程度依然不变，但没有阳光照射，在阴天下，从视觉上感觉到凉意。

眼前的目标——跑到剩下不到 30 公里的关门海底隧道，再进入九州岛——越来越清晰了。

上午 8 点 30 分左右通过 181 公里处。起跑 24 小时内能跑到这里算是不错的。这比一开始预计的多跑了 20 公里以上。

想在第二天、第三天的中途睡几个小时，因此能在第一天内多跑一些距离，这让我在心情上轻松许多。

通过长府车站之后，在 186 公里处来到海岸线。这时候拨云见日，阳光直射，气温慢慢地又开始升高。

9 点 40 分来到"关门海底隧道入口"。虽然还没到全程的一半，但总之有种克服"关卡"的感觉（日文的"关门"有关卡之意），这让我松了一口气。

坐电梯下到地底的"关门海底隧道入口"。隧道的长度只有780米，宽度4米。我通过的时间刚好没什么人，能暂时从高温中得到解脱。在海底正中央发现山口县和福冈县界线的标志，暂时转换成观光客的心情。通过隧道，坐电梯上到国道，闷热的空气再度无情地扑面而来。

先到贩卖机买了一瓶咖啡，一口气喝完它。等心情安定下来之后，我才迈入"九州岛路"。

不知道是因为气温还是疲惫，或是因为通过"关卡"缓和了我的紧张感，我迟迟无法加快速度。

刚好这时候，在192公里处，接力赛跑者岸本佐惠子小姐站在路边替我加油。虽然只跟她聊了几句而已，但跑友的鼓励赐予我很大的力量。总之，在这个时间段里我只能忍耐前进。

在195公里处的便利商店我戴上可遮住脖子的遮阳帽，并在露出的皮肤上涂了防晒液。

刚过10点半，气温似乎要飙到30摄氏度了。仰望天空，烈日薄云，预计暂时会持续这个晴天。

在197.5公里处遇到参加接力赛的菅原强先生。他还要再等一小时才轮到他的棒次，我们相互打气一番。接下来我又开始想睡觉，走路的时间也慢慢变长。后来还是忍不住，在201公里处，跳上车小睡了10分钟。

稍微从睡意中得到解放之后，我先努力压低速度，在这样炎热的天气下逞强，只会消耗体力，影响路程后半段。

不跟高温消耗战力，保留体力到晚上，这是我在参加这活动前拟定的策略。第一天的气温比想象中低，配速稍微快一些。但在超

137

过 30 摄氏度的第二天，我告诉自己，要接受自己放慢速度。

通过了位于 203 公里处的小仓车站。这里是许多列车的起终点站，车站建筑物盖得很气派。

原子弹被投到长崎那一天，据说原本的目标就是小仓市。由于当天视线不好，才临时把目标改成长崎。想到这里我的心情很低落，战争的无情有如恶魔，绞痛了我的心。

在 216 公里处的黑崎车站前，一位素未谋面的女性看到我之后，慌张地在贩卖机买了一罐运动饮料，在我通过车站前面时递给我。她对我说："加油！"我跟她确认："是给我的吗？"接着跟她道谢继续前进。时间刚过下午两点，也是一天中最热的时刻，冰凉的运动饮料降退了身体的高温，我真是太感激她了。

通过黑崎车站，在商店街的步道上不小心被障碍物绊倒跌了一跤。平时肯定是可以躲开的，但一定是疲劳轰炸得我注意力散漫。还好没有什么大碍，但被许多人目击实在是有点丢脸，赶紧离开了现场。在白天炎热的时间里，本来不想太逞强，但光是这样慢速前进似乎仍对身体造成了不小的负担。

比樱花道超马赛再多 170 公里

尽管此时艳阳高照，眼前的景色如此明亮，但强烈的睡意再度袭击了我。

在 228 公里处被金井靖雄先生追上之后，和他一起前进暂时分散了一点睡意。但没多久发现我的补给车就停靠在路边，我毫不犹豫地跑到车上要求 10 分钟的睡眠。我横倒在后车厢，深深吐完一口气之后，瞬间就陷入了睡眠。几秒后恢复了意识，阖上眼睛继续休息。没多久我恢复了体力，慢慢站了起来，仿佛被什么东西引导着似的，我继续往前进。

要花长时间完成的超马，其实就是这种过程的连续。

过了 231 公里，越过远贺川上的日之出大桥前，天色突然变暗，空气弥漫着凉意。我看到接下来要去的远方山峦上有几道闪电划过，轰隆隆响起了雷声。下雨的同时，雨势突然变强。我急速越过了桥，快速跑到补给车停靠的便利商店，但还是躲不过激烈的豪雨，被淋成落汤鸡。我钻进停在 232.5 公里处便利商店的补给车里面，暂时躲雨。

井上先生说："看起来雨不会下很久，等雨变小吧。"躲雨时，我换上了干的 T 恤、短裤、袜子和帽子，也趁机换了鞋子。20 分钟左右，雨势从"豪雨"转弱为"大雨"，要等到雨完全停似乎还需要点时间，我在 T 恤上披着雨衣，再度出发了。

进到沿着远贺川的国道 200 号，逆流前进。雨虽然还持续下着，但雨衣里的蒸汽让我很不舒服，于是把雨衣脱下来绑在腰上。在这时睡意又来了。

几个小时前就断断续续想睡觉，来到这里疲惫似乎到了极限。我心想不要每次都只睡几分钟，还是要好好补眠，否则会影响到后半段的表现。于是在 238 公里处便利商店的停车场里，我睡了 30 分钟，是睡得最久的一次。脱了鞋横躺在车子后车厢时，雷雨又变大。我把打在车厢顶的雨声当成催眠曲，陷入了最深的一次睡眠。

井上并没有叫醒我，但睡了 30 分钟后我自己醒来了。后车厢的大小似乎容纳不下大个子的我，我在不舒服中醒了过来。此时是傍晚 6 点 45 分，太阳快下山了。在睡觉时，雨也几乎停了，于是我穿起鞋，鼓舞自己重新出发。

之后接力队"爱知县和平队"中一名女性跑者一直跟在我前后。照理她的速度应该比我快才对，但到了交叉路口她正在烦恼要跑哪一边时，我赶上了她，于是和她一边跑一边聊了一段路途。不知不觉天色已暗。前一天晚上由于跌倒弄坏了头灯，这晚只能拿着手电筒跑。"爱知县和平队"的女性跑者在 248 公里处的饭冢车站交棒给下一位跑者。我则一个人前进，又回到了一个人的旅行。

晚上 8 点 18 分通过 250 公里处。井上先生对我说："从起跑到现在刚好过了 36 个小时，刚好是在樱花道 250 公里超马赛的规定时间之内呢！"我心想："要跑的路程比樱花道超马赛还要再多 170 公里啊……"我再次对这个遥远的距离叹了一口气。

254 公里时我离开了国道，朝向这次路线中标高最高的山顶前进。在这里我被刚刚接棒的"爱知县和平队"男性跑者追上，和他一起边聊天边跑了两公里多，到了 256 公里的便利商店时已过了晚上9点。

和昨晚一样，井上准备了荞麦面。为了准备爬山，我坐下来好好补充了能量。打电话给妻子，女儿也刚好还没睡，光是听到声音就被治愈了。是因为听到家人的声音过度安心吗？我突然又变得很想睡觉，小睡了5分钟。"爱知县和平队"的男性跑者已经先前进了，我又变成一个人，独自前往山路。

前进700米后遇到岔路，我朝左边的道路前进，斜坡慢慢变陡。爬坡是我的强项，反而把这段路当作是很好的激励。我慢慢前进，在几乎不走路的情况下抵达了263.5公里处，标高最高的米之山山顶（353米）。

通过了山顶，迎接我的是长达6公里的下坡。和上坡完全相反，下坡我实在很不擅长，加上坡度又大，速度太快会带给脚负担，很怕因此受伤。这种恐惧感压制了前进的速度。到达位于下坡终点处（269.3公里）的便利商店已经是晚上11点半了。在这里又小睡5分钟。

井上先生对我说："好不容易保持不错的速度，但如果休息太久，会让平均速度变慢，这样很可惜喔。"一经提醒我才发现，确实每次到了要补给时，我会"无意识"地坐在车子后面和井上先生悠哉地聊起天，每次都聊着"刚才的路线啊……"或是"接下来的路线怎么样……"之类的话题。也许是累积了疲劳和困意，晚上一个人跑步又没有说话对象，所以才因为聊天而分心了吧。

从此在补给时，我提醒自己不可以坐下来，但还是有很多次都"无意识"地坐下了。

从太宰府市到筑紫野市的路上，看着左侧一片辽阔的田园，我安静地穿过了宁静的住宅区。此时已过了半夜12点，看到两个大约是初中生的少年骑着自行车在玩，也看到年轻女生一个人走路回家。

不禁让我觉得"日本真是个和平的国家啊"。

和昨晚一样，到了这个时间点看地图都不太准确。好几次要朝向不正确的方向前进时，井上先生就会打手机制止我。如果没有 GPS 带领的话，真不知会有何种下场，想到这里我不禁捏了一把冷汗。

但是也不能完全靠井上先生啊！到了第二天晚上，我想他一定也又累又想睡觉，加上他还要开车，我希望他可以找时间好好睡一下。但是很不幸，在福冈县和佐贺县交界附近，这里的街道偏偏复杂离奇，害我一直走错路。

我光是在田代车站（284.5 公里处）附近的神社周围就绕了两圈，最后还是决定举白旗站在原地不动。这时井上先生没打电话来，想必他忍不住也小睡了，我充满歉意地打电话叫醒他，才在他的指引下回到了正规的道路。

到达 286 公里处鸟栖车站时刚好是凌晨 3 点。井上先生告诉我，通过车站周围的街道后会接到国道，接下来就是一条直路。我松了一口气。完全没想到自己会看地图看得这么辛苦。

在 289 公里处进到国道 34 号。这是只有一条车道的干道，但步道很宽，跑起来蛮舒服的。想到不用再看地图，我跑起来如鱼得水，虽然爬着漫长的上坡，但速度渐渐快了起来。跑得正舒服时井上先生又打电话来："喂！又跑错路咯！"我再次确认地图，发现大会要我们从国道绕到旧的国道。虽然再有几公里我就可以回到旧国道，但井上劝我还是照指示的道路走。我只好先回到大会规定的旧国道上。在 297 公里处再次会合国道 34 号线时，已经过了清晨 5 点，天空渐渐泛白。第二天晚上看地图总是出问题，带给井上先生很多麻烦，真是对不起他。

此时，接力赛跑者菅原强先生追上了我。我们一起跑了两公里左右。一辆车似乎是特地等着我的到来，突然停靠到便利商店的停车场。从车内走出一名女性对我说："你是关家先生吗？加油！"后来才知道她是中途加入接力队的补给员三宅小姐。真是非常感谢她的打气。

昏昏沉沉，一边恍神一边前进

通过300公里处的吉野之里公园，我想应该没有被"吉野"二字影响，但不知为何仍突然想吃吉野家的牛肉饭，于是拜托井上去买。之前一直都是吃便利商店的饭团和荞麦面等食物，现在突然想吃一点高热量的食物。我是在市区里又是沿着国道，没想太多就拜托了他，但井上似乎是找了很久，我又再次给他添了麻烦，真是非常抱歉。

在309公里，买到牛肉饭的井上先生追上我，我坐在后车厢吃完饭，味噌汤的咸味让我的心情格外安定，但怕饱腹感引起睡意，吃完后我又继续匆匆赶路。

通过佐贺县的中央，在上午8点20分通过315公里处。从起跑至此刚好过了48小时。我和井上先生确认："48小时跑315公里算不错吧！"

又开始阳光普照，需要戴太阳眼镜。看来又是炎热的一天。

在318公里处的便利商店如厕后，我顺便买了500毫升牛奶，在停车场一口气喝完了它。

先前都是喝运动饮料和可乐，相比之下，牛奶喝起来非常顺口，美味极了！

我拜托了井上先生，接下来的补给，暂时都让我喝牛奶。

通过 320 公里之后，只剩下 100 公里的距离了，我慢慢对"抵达终点"有了感觉。还剩下 26 个小时，时间还算充裕！

在脑中计算时间时，睡意又浮了上来。身体仿佛在跟我抱怨："都已经努力到这儿了，就犒赏一下自己嘛！"我走了数百米来到补给车停靠的牛津车站，跟井上先生说想睡一个小时，但刚好遇到坐电车抵达牛津车站的越田先生、三游亭乐松先生和村本修先生。和他们聊得太开心了，导致实际只睡了半个小时。

11 点 10 分从牛津车站出发。剩下 24 小时，离长崎还有 100 公里。我告诉自己再撑一下吧！

休息前原本无法维持时速 7 公里的配速，但休息之后，速度竟然超过每小时 8 公里。

天气大致上都维持阴天，偶尔虽然会飘一点毛毛雨，但完全不影响跑步。在这个季节里，这样的天气已经算是"绝佳的跑步日"了。但湿度异常高，补给的水分也比往常还多，在补给站每次喝牛奶也一下就见底，一直麻烦井上先生再去添购。每次看着地图上写的总公里数时，我在心里都会倒数"还剩下 × 公里"。这样做在心情上有鼓舞的效果。

这附近刚好有铁路佐世保线并行，每经过一个车站，就会遇到接力队的选手们。每次他们对我的热情加油，我都会把它当作是跑步的力量。

在 344 公里处遇到迎面而来的接力队选手，说是迷路了，正在找路。虽然我也是第一次来到这条路，但确定自己跑的方向没有错，于是暂时带领着他一起前进。在 345 公里的陡坡前，我的速度开始变慢，和他之间的距离越拉越开。总之，我告诉自己不要逞强，决定停下来走路。

离开了佐世保线，进入山里的乡间道路。也许是缺少刺激，我又想睡了。一边恍神一边前进，偶尔突然惊醒之后，又开始跑几步，没多久又开始恍神……总之昏昏沉沉前进，最后还是受不了，到345公里处的便利商店里小睡了5分钟。

第三天虽然也是阴天，但即将通过嬉野的温泉街时太阳却露出了脸。为了保留体力，我半跑半走。爬完嬉野温泉街的缓坡之后，肚子突然痛了起来。到下个便利商店只有100米，但我实在无法忍耐，跑进位于358公里处的一间豆腐店，拜托老板娘借了厕所。

从早上开始持续喝牛奶，到这里肚子开始不舒服，真是千钧一发。我内心松了一口气。店家老板的女儿发现了我腰上的地图，问了我不少问题。

我简单介绍了这个大会的主旨，她听得似乎很感兴趣，还问我是否可以一起照个合影，我爽快答应。乡下的人情味，让我的心情变得平静。

从这开始到俵坂山顶是持续3公里的上坡。跟之前的米之山山坡比起来，这里比较短，坡度也比较小，但以身体的感觉来说，这里还是辛苦许多。这证明我身体内累积了许多疲劳。我也不逞强，改成边走边跑。刚好俵坂山顶是县的边界，越过这里终于进到长崎县。走下弯曲的道路，远远地能看到大村湾，这时，井上先生打了电话给我。

他问："前方大约一公里，来到沿着大村湾的国道上有间卖长崎什锦面的店，这里可以外带，你要吃吗？"

我二话不说地回复："当然！"我脑中正想着"好想吃拉面啊"。长时间和他相处，这算是在选手和补给员之间产生的默契吧。

下午5点48分。我来到位于367.5公里处的长崎什锦面店。车子停在停车场，我则坐在后车厢，吃下热腾腾的面。一边吸着面，一边不知不觉开始和井上先生谈起我的女儿和家人。我对他说，等现在 4 岁的女儿再大一些，想和家人沿着这次跑的路线开车兜风。

结束 20 分钟的休息回到跑道，富含热量的夕阳再次照射着我。虽说没有在走路，但跑步的速度也快不起来了。

和井上在吃饭休息时讨论到，想视情况在离此处 16 公里远的大村车站或是在 28 公里远的谏早车站附近洗个澡和睡觉休息。但光是要到 16 公里远的大村车站，我都觉得非常遥远。在位于 375 公里处一间已关门的汽车旅馆前补充了水分，这时我的肚子又开始不舒服，我又冲去厕所。我开始担心拉肚子对跑步的影响，还好这只是短暂的不适。

从这个补给处出发没多久，夕阳薄暮，我开始迎接第三个夜晚。通过 376 公里处的大村线松原车站之后，等待我的是漫长的缓坡。在这里抓回了一点跑步节奏，配速也从时速 6 公里增加到 7 公里，虽然这个层次有点低，但身体感觉明显变好许多。

要客观分析现状，再全力以赴

在 380 公里处，竹松车站入口处的便利商店休息。喝了最近流行的便利商店咖啡，用吸管发出咕噜咕噜的声音吸到最后一滴。"无意识"地又休息了 15 分钟，不知道是不是受这个影响，好不容易找回的节奏又被打乱，完全没办法再跑了。

到大村车站只剩 4 公里的下坡，睡意又来，我只能恍神徒步前进。

终于来到了 384 公里处的大村车站入口。连中途等交通信号灯的时间也算进去，这 4 公里总共花了 50 分钟。

"拜托让我睡一下！"我一边说一边飞奔，倒在后车厢。睡了大约 15 分钟。接下来，每次的休息时间都越拉越长。

时间即将来到晚上 10 点了。井上先生碎念了一下："到谏早车站还有 12 公里，但以现在的速度到那里会超过半夜 12 点啊！眼下也只能慢慢前进了。我会在离这里 4 公里远的岩松车站等你喔。"说着目送我离开。

离终点还有 40 公里。**与其多想，还不如先把眼前的一公里、数百米、每一步确实地跑好。不这样做的话，就无法朝目标迈进。**

经验告诉我，结果只不过是过程的累积。

我从走路慢慢地改成跑步。在等交通信号灯的时候，我抬起了腿，做出准备跑短距离的动作。

启动模式开启。速度明显变快，这速度并不是只撑了一会儿，而是持续了一阵子。GPS手表上显示的时速超过了11公里。从起点至此我已经跑了390公里，没想到在这里会跑出最快的速度。我看到补给车驶进位于386公里处的加油站，加油中的井上先生对着我大声喊："我可能无法在岩松车站追上你，你先继续跑吧！"

我举起手响应他，并保持速度继续赶路，心里想："好啊！就这样一口气跑到谏早车站吧！"我并不是在跟补给车竞赛，但身体状况变好，心态也会变得积极。总之，我决定无论如何先跑到谏早再说。

在390公里处铃田山顶停车场，补给车追上了我。我只补充了水分。因为不想打乱节奏，休息时间压到了最少。但是在389.5公里到391公里的路段，由于正在进行道路的补修工程，步道变窄，车况壅塞有点危险，我不得不减速。

这也是没办法的事。压抑住急躁的心情，以慢跑速度通过施工路段。从392公里处的分岔点离开了国道，我的速度又再次恢复。虽然没到时速11公里，但也维持在时速9到10公里之间，斗志并没有被打断。

此时开始下起小雨，吹起了强风。前几天看天气预报大约知道，有一个强烈台风正在接近，但不知道最新的信息，难免有点担心。

抵达394.5公里处的便利商店，已经是晚上11点18分。离谏早车站还有1公里，但总算在12点之前抵达了。我坐在后车厢，吃着在便利商店买的寿司，和井上讨论接下来的计划。井上建议我："难得现在速度不错，而且也不知道台风的影响如何，所以先能跑到哪里就到哪里吧。"比起身体的状况，我比较担心天气，所以完全赞成他的意见。

我说服自己，并决定：要客观分析现状，再全力以赴！

　　毕竟已经是第三天晚上，果然我还是没办法轻松度过。我的身体无法跟上我的斗志。脚无法前进，睡意让我头脑放空。谏早车站之后的路线由于比较复杂，必须要确认地图才行。但这时候我看地图变得很不灵光。还好在几个容易搞错的地方，井上都事先站在那里指引我。我没有再出差错，但头脑的思考力变低，甚至有几次连自己往哪里跑、自己在做什么都搞不清楚。

　　在401.7公里处，我的脚突然停住了，就像电池耗尽一般，我当场倒地（在某个商店的停车场），打了电话给井上先生说："我已经不行了，让我睡一下。"说完直接睡着。

　　时间刚过8月9日半夜1点，周遭几乎没有人经过，在井上抵达的10分钟之间如果有人发现我，一定会叫救护车把我送走吧。我已经累到顾不得其他人了。

　　我的脑袋完全无法再运转想事情了。过了30分钟，意识恢复之后，我马上站起来出发上路。身体如果完全不能动，那就没辙了；但只要身体稍微还能动弹的话，就没时间管那么多，必须上路。**都到这地步了，已经不需要慰劳自己的身体，因为一旦停止，就是对努力过来的自己的一种背叛。**

　　为了自己，为了替我做补给的井上先生，为了替我加油打气的家人、朋友……除了前进之外，没有任何其他的选择。

　　开始前进之后，我看到一个团体正徒步向前。我没问他们从哪里出发，但他们和我一样，预计要在早上抵达原子弹爆炸纪念公园。

　　互相道过"那我们就终点见了"之后，我们分道扬镳！

　　在403公里处的十字路口，我离开了国道，进到较少车辆通行的小路。从这里开始，井上先生开车在我前面帮我带路。进到住宅区实在令人束手无策，有人带路真是得救了！

从 413 公里开始，在刚好能容纳一辆车通过的狭窄道路上，车子开在我后面帮我照亮前方。这段上坡陡到就算正常的情况下也无法用跑步前进，于是我专心徒步前进。抵达坡顶，遇到楼梯，车子无法通过，井上无法再帮我带路，只好绕路。我爬完楼梯之后，刚好和绕路过来的井上会合，之后我拜托他每隔几公里就等我一次。

最后的折磨

在山上穿过了长达 642 米的日见山洞之后，持续了 3 公里左右的下坡。离终点只剩下 8 公里了。但这算是最后的折磨吗？这时候我又变得很想睡觉。两眼的眼角处由眼屎引起了发炎，眼睛闭起时痛感袭来。但眼皮还是下沉，每隔几秒就会阖上眼睛。我不知道这算是在"边走边睡"，还是"边睡边走"。我甚至不知道眼前的道路是在现实世界还是在梦里。不，这些都不重要了，这都是大脑为了要解脱一切不停陷入睡眠，双脚擅自在走路而已。

下坡时，天际逐渐明亮，但仍然无法摆脱睡意。从日见山洞的出口一直游走在梦里，终于来到了 419.5 公里处的眼镜桥。

28 年前我曾经开车来过长崎，但对当时的事几乎没有记忆，对长崎市区完全没有方向感。井上告诉我，离终点还有 4 公里，但没有他指示的话，还真是不知道该朝哪一边去才好。

清晨 5 点 42 分从眼镜桥出发。睡意退了，但也不需要跑了。时间非常充裕。

通过长崎车站，离终点剩下 3 公里。可能是礼拜六早上的关系，车站前的大马路几乎没什么行人，非常宁静。受到台风的影响，风势很强，但没有雨，一直到最后天气都还不算太差。真是太感激了！

我心里想："都已经到了最后，还是跑一下好了。"于是慢慢加速，差不多跑了1公里就抵达浦上车站。在那里等我的井上先生说："我去停车，我们就约在终点前的便利商店吧，你慢慢走过来。"

大会规定的道路是不通过浦上车站而经过山王神社，井上先生体谅到我的疲劳才故意指引我走快捷方式。但失去方向感的我，竟然没有朝终点直走，反而拐了90度的弯朝山王神社迈进。停完车的井上先生摆了个无奈的表情对我说："既然都到这里了，我们就绕一下山王神社吧。"我跟着他一起走。

山王神社里有棵被原子弹炸过的樟树和倒塌的鸟居，是一个能体会出原子弹威力的重要遗迹。虽说是误打误撞，但还好有来此一游。

我们两个朝终点原子弹爆炸纪念公园前进。公园内陆陆续续涌进了人，但似乎还在准备纪念仪式，完全没有隆重的气氛。

进到入口走了大约两百米，看到终点浦上天主堂遗壁。没有别人，也没有主办单位的人迎接我的到来，更没有掌声和欢呼声，一切静悄悄地落幕。

希望心静、和平的时代可以一直持续下去

清晨 6 点 55 分，我碰了一下遗壁。

从起点到这里花了 70 小时 35 分。我 47 年人生中，最长、最远、最热血的挑战，在此画下句号。

和井上先生握了手，互相慰劳了一番。没有他的话，我绝对无法跑完。谢谢！

要到 10 点半才会有主办单位和接力赛的跑者聚集到这里。时间还很充裕，我们决定到附近的澡堂洗澡。

澡堂位于小山丘上，从它的露天温泉可以眺望整个市区。69 年前的今天，从这里看见的风景不知道是如何？

现在我眼前有大型超市、商业大楼、巨大显眼的球场，以及许多的民宅、林立的公寓，在每一个角落里，此时此刻都有生命确实地在呼吸着。希望这种心静、和平的时代可以一直持续下去。

10 点 30 分回到原子弹爆炸纪念公园，在入口处刚好看到接力赛的田处壹久选手抵达终点，于是和他一起走到浦上天主堂遗壁。为了要参加纪念活动，公园内挤满了人，园内充满了隆重的气氛。

陆陆续续有接力队的选手抵达终点，大家一起拍手迎接他们。他们几乎都是比我还年长的前辈，在跑完之后也到我身边祝贺我，慰劳了我一番。

他们祝贺我的话，是"谢谢"，而不是"恭喜你"。

实际我在抵达终点时，由于过度疲劳脑袋放空，并没有什么特别的感触，但接受前辈们的道谢时，倒是让我热泪盈眶。

11点前，所有的跑者和大会工作人员都聚集到终点。大家说着沿途发生的种种事情，并且一起合照。在超马中，在终点和大家相处的时间是最幸福的时刻。

11点02分，配合历史上原子弹被投下的时间发出了警笛声，在场所有人都默哀了一分钟，为那些丧生于原子弹攻击的人们祈求冥福，祈祷了和平。

完成这种挑战并不会带给我什么巨大的变化。但如果对那一场战争，大家都能再次思考、重新发现一些事的话，我想那将会是我最大的喜悦，我别无所求。

身为活在这个时代的人，身为父母，我将会传达这次的经验，和大家分享各种信息。希望借此和大家一起思考战争与和平的意义，并把它传承到下一代。

后记

前几天，收到浅野秀智先生寄来的国际包裹，里面是一件 T 恤。

这件 T 恤是为了纪念他的第 100 场全马（距离超过全马的也算）而设计的。他说，他会将这 T 恤送给因跑步认识的朋友。

认识他是在 2013 年"环台"超马赛的第 12 天，我和他一起跑台中的路段（63 公里）。那时他说最长只跑过全马，所以我和他跑的这路段等于是他的第一场超马。

后来，他几乎每个周末都参加比赛，甚至也完成百公里超马赛事，实力进步许多。2014 年 12 月 21 日在中国台北马拉松，他达成了第 100 场全马的目标。

这件 T 恤上印着"只有跑步，没有距离"的字眼，还画着两只在跑步的猫，非常可爱。

浅野先生因为工作搬到中国台湾地区之后才开始跑马拉松，听说他跑的 100 个马拉松全部都是在中国台湾地区的比赛。我认为这是一个非常特别的纪录。在这里结交了许多跑友，并且用跑步留下了脚印，他的跑步生涯是如此精彩！

我也试着回顾并整理了我的比赛次数（包含超马）。发现从开始跑步到现在 22 年间，我已经跑了 117 场。

其中包含时间赛，虽然有一些是中途弃赛，但跑的距离都超过了全马。现在回想起来，没有在跑完第100场马拉松时做些值得留念的事，还真是有点可惜。

现在日本正掀起空前的马拉松热潮，跑步人口扶摇直上。在这个热潮下虽然赛事数量增加了，但不管哪一场比赛都要抢着报名，几万人的大规模比赛甚至在几小时内就会满额，这真的是个"异常现象"。

最近几乎每场比赛都要通过网络报名，这种"先抢先赢"的报名方式，其实会排挤掉许多"老鸟"跑者。

例如日本"青梅"马拉松（1967年开始举办）是一个有历史的比赛。曾听住在当地的资深跑友说："先前连续20年都参加30公里的组别，但这次很快就满额，来不及报到名。心想没办法，只好报了10公里的组别。"

对主办者来说，以报名的顺序，也就是"先抢先赢"的方式也许是公平的方式，但我对这种制度抱着怀疑态度。理由是，就像前面提到的，"老鸟"熟知一场比赛的优点，而能够传承优点的他们会因此逐渐在比赛中消失（"老鸟"跑者因为年纪较大，不擅长上网报名的人居多）。

2007年开始举办的东京马拉松，采取抽签的方式。被抽中的概率是十分之一。选手很难有连续参赛的机会。

这也意味着，在东京马拉松的20年纪念大赛中，几乎不会有"我参加过20次"的跑者出现。就算真的有这种跑者出现，大家也会指责他："一定是靠关系参加的！"

我认为一场比赛还是要有资深的跑友，才能将跑步的乐趣、礼节甚至比赛的美好之处传承给新的跑者（光是通过他们的行为也能学习到许多）。

因此针对本地跑者，或是已经连续参加了十几年的跑者，我认为多设个"特别名额"方便他们参赛比较好。

文化必须要"一边传承一边去创造"。如今看到马拉松界的整体现象，把该担负起传承使命的对象赶到角落，只重视体面，只相信眼前事物的做法，不禁让人疑惑。这样下去无法培养健全的慢跑文化。

这种过程，就像小朋友耳濡目染，看着父母的行为举止学习长大一样。

例如现在号称"跑者圣地"的皇居外苑周围道路（一圈大约5公里）。平常日晚上最多会有四五千名跑者聚集在这里。这里的人行道上当然没有跑者专用道，而且有许多行人、观光客与骑自行车的人，所以常会有跑者因为跑太快而与行人发生碰撞。

如果守规矩、注意周边环境慢慢跑的话，是没什么问题的，我也相信多数跑者都是如此。但还是有少数跑者没有好好接受"传承"，在他们的心里一直没有一个确切的标准，无法判断是非，容易以"别人都这样做，所以我也这样做"的想法同流合污。

这现象不只是在跑步界，放眼看现今的社会也总有相同的问题。不顾他人的利己行为，理所当然地只会让人际关系、国与国之间的关系恶化下去。为了保持警惕，我们必须谦虚地记取先人的教诲，活用到当下，并传承到下一代才行。

"在跑步界看得到的，就是现代社会的一个缩影。"我希望每一位跑者都能抱着这样的气概和自我意识去行动。每一个人的小小举动都能改变世界。就像我在第二章提到的，我们都要从"学习打招呼"做起。

在台北马拉松完成"百马"的浅野先生，把一星期后在12月28日举办的"集集马拉松"当作"纪念马拉松"，和许多朋友一同穿上他的T恤跑步。

我在网络上看了照片，发现参加的人每个都笑容满面。

虽然我已经遗忘了自己第 100 场比赛的事了，但如果不算全马次数只算超马的话，至今已跑了 86 场，离第 100 场超马还有 14 场。以目前的参赛频率来看，我想在五十几岁应该就能达成我的"第 100 场超马"吧。

希望读过此书的读者都能和我一起追求"超马道"，共同成长，到时候再来齐聚一堂如何？

奥运会正是一场代表着和平的庆典。在日本举办奥运会后，我由衷地希望世界和日本的关系，能变得更密切。

2014年8月6日，从广岛开跑时，天空下着雨。一路上井上明宏先生为我做补给，适时给我建议，为我引路。我非常感谢他！

没想到前一夜（8月5日）的大雨汇成了一个水池，我不得不涉水前行。

沿途只能短暂倒在后车厢小睡一会儿，就要继续上路。

来到我一向不擅长的下坡，又疲劳又想睡，跑得脸歪嘴斜也顾不上了。

图书在版编目（CIP）数据

超马道：放慢速度的勇气 /（日）关家良一著；
叶东哲译.—杭州：浙江大学出版社，2021.12
（启真·体育人文）
ISBN 978-7-308-21990-7

Ⅰ.① 超… Ⅱ.① 关… ② 叶… Ⅲ.① 马拉松跑—通
俗读物 Ⅳ.① G822.8—49

中国版本图书馆CIP数据核字（2021）第227899号

超马道：放慢速度的勇气
［日］关家良一　著　叶东哲　译

责任编辑	周红聪
文字编辑	黄国弋
责任校对	黄梦瑶
装帧设计	周伟伟
出版发行	浙江大学出版社
	（杭州天目山路148号　邮政编码310007）
	（网址：http://www.zjupress.com）
排　　版	北京楠竹文化发展有限公司
印　　刷	河北华商印刷有限公司
开　　本	635mm×965mm　1/16
印　　张	11
字　　数	132千
版 印 次	2021年12月第1版　2021年12月第1次印刷
书　　号	ISBN 978-7-308-21990-7
定　　价	68.00元

浙江省版权局著作权合同登记图字：11-2021-288 号